高等院校公共基础课系列教材
2023 年重庆市一流本科课程配套教材
2022 年重庆市教委人文社会科学类研究项目成果

大学生就业指导与实务

（第 2 版）

田 力 黄泓嘉 主 编

牟 萍 钟 华 孙柳艳 副主编

清华大学出版社

北 京

内 容 简 介

本书围绕大学生求职就业的基本思路，全面系统地介绍了求职前的理论准备、信息准备和心态准备，求职过程中的简历设计、笔试备战、面试攻略，求职成功后的手续办理等内容，并结合重庆师范大学综合性师范院校特点，既强化了师范生求职中需要的说课、试讲等内容，又丰富了非师范生常面临的结构化面试和无领导小组讨论等面试技术的介绍。

本书共分8章，每章包括核心目标、思维导图、理论知识、拓展阅读、模拟实训、本章小结、课后练习等板块，并通过二维码链接扩展和丰富了相关内容，部分章节包含课堂活动板块。本书既注重理论阐释，又强化实训提升，将新时期社会大环境、职业大环境的变化，人工智能、数字化技术等对"产业—行业—学科专业—职业—岗位"的影响等融入其中，力求让大学生在就业前对相关内容有一个全面的了解和掌握，并积极主动为求职做好准备。

本书可作为普通高校尤其是师范类院校学生就业指导相关通识课程的教材，也可供初入职场的普通高校毕业生自学参考。

图书在版编目 (CIP) 数据

大学生就业指导与实务 / 田力，黄泓嘉主编 .

2 版 . -- 北京：清华大学出版社，2025.8. -- （高等院校

公共基础课系列教材). -- ISBN 978-7-302-70114-9

Ⅰ . G647.38

中国国家版本馆 CIP 数据核字第 20252GH351 号

责任编辑：王　定
封面设计：周晓亮
版式设计：思创景点
责任校对：马遥遥
责任印制：丛怀宇

出版发行：清华大学出版社
   网　　　址：https://www.tup.com.cn，https://www.wqxuetang.com
   地　　　址：北京清华大学学研大厦A座　　　邮　　编：100084
   社　总　机：010-83470000　　　　　　　邮　　购：010-62786544
   投稿与读者服务：010-62776969，c-service@tup.tsinghua.edu.cn
   质 量 反 馈：010-62772015，zhiliang@tup.tsinghua.edu.cn
印 装 者：三河市龙大印装有限公司
经　　销：全国新华书店
开　　本：185mm×260mm　　　印　　张：10.5　　　字　　数：249千字
版　　次：2022年8月第1版　2025年8月第2版　　印　　次：2025年8月第1次印刷
定　　价：49.80元

产品编号：113278-01

编 委 会

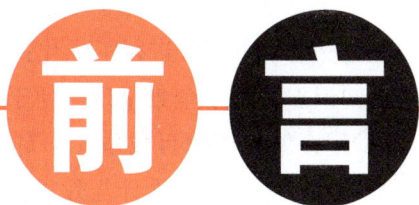

开展大学生职业生涯规划与就业教育，是贯彻落实以人为本的教育的具体体现，是新时期社会主义核心价值观教育的重要内容，是建立完善高校毕业生就业服务体系的重要举措，是全面落实《深化新时代教育评价改革总体方案》的必然要求。2021年8月，国务院印发的《"十四五"就业促进规划》中明确指出要"加强职业生涯教育和就业创业指导……提高高校毕业生就业能力"。党的二十大报告明确提出"实施就业优先战略"和"强化现代化建设人才支撑"的战略要求，党的二十届三中全会进一步强调"健全高质量充分就业促进机制"。为贯彻落实党中央关于教育、科技、人才"三位一体"协同发展的战略部署，高等院校应立足新时代职业发展变革趋势，强化学生的职业生涯规划与就业指导教育，帮助青年学子在百年未有之大变局中找准人生坐标，在民族复兴伟业中实现个人价值。

本书由重庆师范大学组织编写。2010年，重庆师范大学开始在全体学生中开设"职业生涯规划与就业指导"课程，针对大一和大三学生，分别进行"职业生涯规划与就业指导Ⅰ（职业生涯规划部分）"和"职业生涯规划与就业指导Ⅱ（就业指导部分）"的教学。2014年7月，学校成功申报了全国高等学校学生信息咨询与就业指导中心的特色教材课题，并于2015年8月出版了《大学生职业发展与就业指导（重庆师范大学）》。自该教材出版以来，大学生职业生涯规划教育和就业形势发生了较大的变化，学校也在不断地梳理和完善职业发展教育过程中的得失，逐步构建完善了"121N"全程生涯教育体系。作为该体系核心内容的"职业生涯规划与就业指导"课程，也成功获评重庆市一流本科课程、学校教学成果一等奖和社会实践类一流课程。为更好地服务于课程教学，全面反映学校近年来的教学反思与新兴的成果，学校决定对2015年出版的教材进行改版升级，2022年新版教材正式出版，2025年修订再版。

2022年的新版教材在原教材内容基础上扩充完善并一分为二，形成两本独立的教材，即《大学生职业生涯规划》和《大学生就业指导与实务》，分别应用于大一和大三的相应课程教学。教材内容与课程教学高度贴合，设计上也更方便学生学习。二维码链接的引入，不但增加了相关知识的容量，也为课堂互动和教师的教学设计提供了方便。教材中使用的大部分案例均为校本案例，且根据教材内容有机融入"时代楷模"、全国就业创业先进个人等学生身边的典型人物和事迹，凸显了榜样塑造和价值引领的作用。本次再版对新版教材的以下部分进行了优化：一是调整了内容结构。每章前增加了"知识图谱"，对本章知识点进行了全景呈现，便于读者了解章节知识的全貌；将"课后思考"改为"思考练习"，增加了题目数量，丰富了题目形式，便于读者巩固知识、掌握重难点，也更有利于教师进行教学设计与效果检验。二是对正文内容进行了修订和优化。将新时期社会大环境、职业大环境的变化，如人工智能（AI）、数字化技术等对"产业—行业—学科专业—职业—岗位"的影响等融入各章内容。比如，就业信息收集渠道部分新增了"短视频＋直播"形式，简历部分增加了 AI 简历制作，笔试部分更新了公务员考试的最新变革内容，等等。三是优化扩充了教学资源。对部分"典型案例"或正文中列举的案例进行了替换，体现多学科、多行业、多区域的特点，将叙事聚焦职业发展现象或问题本身；使榜样人物或事件更具识别度；对部分"拓展阅读"内容进行了补充和更新，确保二维码链接的适宜性和准确性。

本书编写组成员是重庆师范大学"职业生涯规划与就业指导"教研室核心骨干和课程教学与就业指导工作的一线人员，具有丰富的教学经验和深厚的理论基础。

本书由田力、黄泓嘉任主编，由牟萍、钟华、孙柳艳任副主编。各章编写分工如下：第一章由孙柳艳编写，第二章由钟华编写，第三章由黄泓嘉编写，第四章由董薇编写，第五章由湛欣、田力编写，第六章由田力编写，第七章由陈洪伟编写，第八章由张天意编写。全书由田力统稿，由黄永宜审定。

本书具有较强针对性和可读性，可以作为普通高等院校就业指导课程的教材。在教材编写过程中，我们参阅和借鉴了一些相关文献和网络资料，在此谨向这些文献和网络资料的作者表示感谢。

由于编者的水平及时间所限，本书难免存在疏漏与不足之处，恳请读者予以批评指正。

本书提供教学大纲、教学课件、电子教案、模拟试卷，读者可扫下列二维码获取。另外，本书还通过拓展阅读来丰富教学内容，读者可扫相应章节二维码进行学习。

教学大纲　　　　教学课件　　　　电子教案　　　　模拟试卷

编　者
2025 年 6 月

CONTENTS 目录

第一章 ▶▶▷

职业生涯回顾与展望

核心目标

1. 重温职业生涯规划相关知识，理解第一份工作的意义。
2. 了解就业前自我评价的内容与原则。
3. 深刻认识影响就业的关键要素。
4. 确认大学毕业后的选择与目标。
5. 正确认知影响就业的内外部因素，设定合理的就业期望值。
6. 在设定求职目标时，把服从国家和社会需要放在首位。

思维导图

第一节　生涯回顾

在学习就业知识之前，先来对生涯内容进行回顾，梳理成长脉络、认知自我特质与发展需求，为职业选择锚定方向，为人生规划积蓄力量，让过往经验成为应对就业挑战、实现自我价值的导航坐标。

一、职业生涯规划重温

（一）舒伯职业生涯理论

1957 年，美国职业管理学家唐纳德·E.舒伯(Donald E.Super) 出版了《职业生涯心理学》一书，"职业生涯"这一概念在这本书中首次被使用，在此以前他使用"职业发展"一词来表达类似的意思。舒伯通过大量且全面的研究，将人生职业生涯发展划分为成长、探索、建立、维持和退出五个阶段，这一观点构成职业生涯理论的基本主张和框架基础。舒伯职业生涯彩虹图如图 1-1 所示。

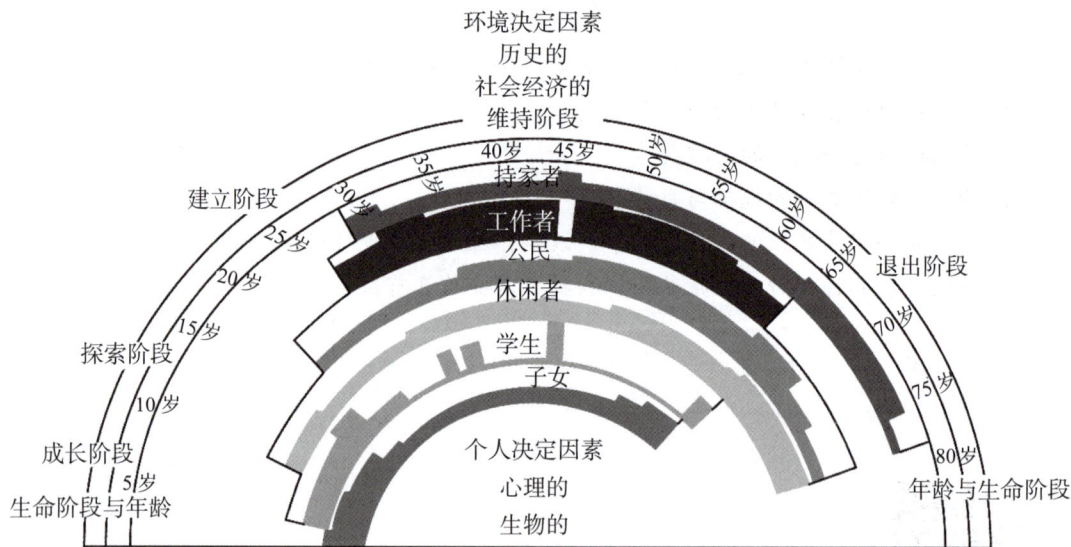

图 1-1　舒伯职业生涯彩虹图

舒伯职业生涯理论给出的职业生涯规划定义中的三个关键词为：发展、历程、动态。发展强调个人在职业生涯中的成长和变化，历程突出职业生涯是一个连续的过程，动态则体现其不断变化和调整的特点。这让我们认识到生涯发展是一个连续的、长期的过程，不同阶段有不同的特点和任务；也提醒我们在每个阶段都要专注该阶段的重点，如成长阶段注重自我探索和能力培养，建立阶段专注于职业发展和稳定，等等；更提醒我们在目前的职业环境下，要树立终身学习的理念，不断提升自己的能力和素质，以适应不同阶段生涯发展的需求和应对各种变化。

（二）马斯洛需求层次理论

马斯洛需求层次理论由美国心理学家亚伯拉罕·哈罗德·马斯洛 (Abraham Harold Maslow) 于 1943 年提出，其基本内容是将人的需求从低到高依次分为生理需求、安全需求、情感和归属 (社交) 需求、尊重需求和自我实现需求五种。他认为，人类具有一些先天需求，越是低级的需求就越基本，越与动物的需求相似，越是高级的需求就越为人类所特有。同时，这些需求都是按照先后顺序出现的，当一个人较低级的需求得到一定满足之后，他才会追求较高级的需求，形成需求层次。马斯洛需求层次理论主要探讨的是人在需求方面的交集，是人本主义科学的理论之一。其不仅是动机理论，也是一种人性论和价值论。马斯洛需求层次图如图 1–2 所示。

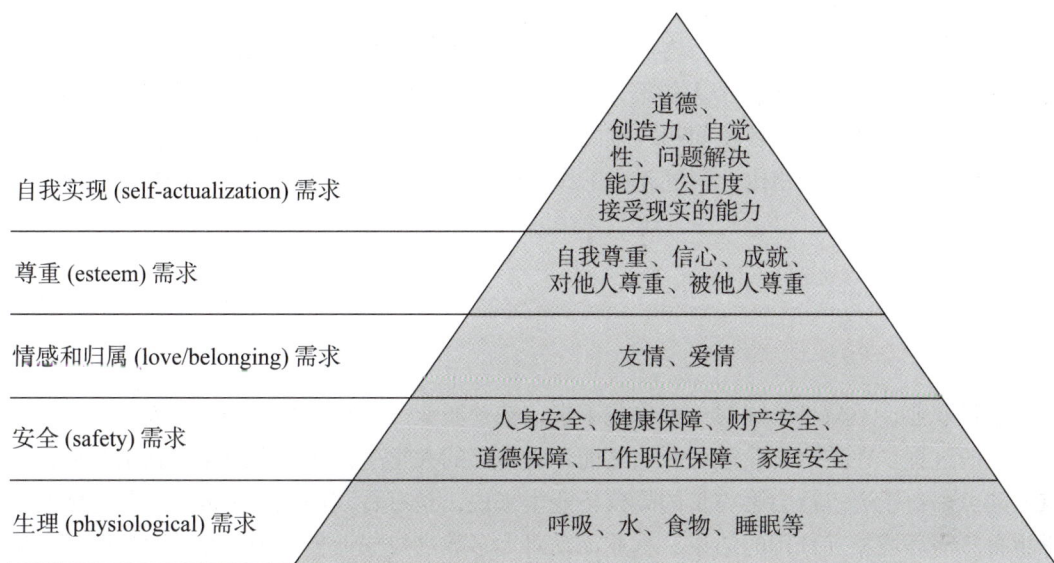

自我实现 (self-actualization) 需求 —— 道德、创造力、自觉性、问题解决能力、公正度、接受现实的能力

尊重 (esteem) 需求 —— 自我尊重、信心、成就、对他人尊重、被他人尊重

情感和归属 (love/belonging) 需求 —— 友情、爱情

安全 (safety) 需求 —— 人身安全、健康保障、财产安全、道德保障、工作职位保障、家庭安全

生理 (physiological) 需求 —— 呼吸、水、食物、睡眠等

图 1–2　马斯洛需求层次图

需求层次理论揭示了职业满足个人需求具有阶段性和层次性。对于应届毕业生而言，明确自身需求与价值观至关重要，能使求职路径更清晰。

首要阶段：满足生存需求 (找到工作)。这是职业发展的起点，核心目标是获得经济独立。在此阶段，应秉持 "职业无贵贱" 的务实心态，认识到任何工作都能提供生存保障和经验积累。避免就业初期就追求 "高薪轻松"，这会大幅增加求职难度。任何能解决基本生存的工作都是平等且有价值的起点。

进阶阶段：寻求适配与发展 (专业、兴趣、性格)。在基本生存需求满足后，求职者会自然追求专业对口、符合个人兴趣的工作。此时，了解自身性格特点 (如外向型可能适合销售，独立型可能适合管理) 有助于选择更契合、更能带来职业满足感的岗位。

更高层次：实现社会价值与自我实现。职业发展的深层目标是个人价值与社会价值的统一。将个人工作方向与国家发展重点 (如新兴战略产业、基层建设等) 相结合，"到国家最需要的地方去"，不仅是响应时代召唤，也是满足个人最高层次需求——自我实现需求的有效途径。在确定方向时，可优先考虑国家引导和重点需求的领域，再结合个人兴趣做出选择。

总的来说，应届生的求职应遵循"生存优先 → 适配优化 → 价值升华"的递进逻辑。清晰认识当前所处阶段的核心需求，以务实态度开启职业生涯，再逐步向更符合个人特质与社会价值的方向发展，是实现顺利就业和长远职业满足的关键。

（三）明尼苏达工作适应论

明尼苏达工作适应论是戴维斯 (Dawis) 与罗圭斯特 (Lofquist) 等人在 20 世纪 60 年代提出的。该理论认为：选择职业或生涯发展固然重要，但就业后的适应问题更值得注意，尤其对障碍者而言，在工作上能否持续稳定，对其生活、信心与未来发展而言都是重要的课题。基于此种考虑，他们从工作适应的角度，分析相关决定因素。他们认为每个人都会努力寻求个人与工作之间的符合性，当工作环境能满足个人的需求，个人又能顺利完成工作上的要求时，二者相符度随之增强。不过个人与工作之间存在互动的关系，二者相符与否会受到互动过程的影响，个人的需求会变，工作的要求也会随时间或经济形势而调整，个人越努力维持其与工作环境间相一致的关系，则个人工作满意度越高，其在工作领域也越能持久。与其他理论相比，明尼苏达工作适应论不再强调选择，而是开始强调适应。

二、自我评价

（一）自我评价的内容

选择职业，不只是单纯找一个单位了事，选择职业的过程本身就是一个发现自己、认识自己的过程。在整个就业过程开始之前，对自己的大学生活作一个总结，认清自己的优点、缺点，对于迈入社会第一步的高校毕业生来说，是有百利而无一害的。大学生活是大学生自身与环境相互作用的结果，就业活动对大多数高校毕业生来说都是第一次尝试。因为缺少经验，高校毕业生可能不时地被周围的环境左右而忘掉自己的特质和初衷，所以我们在就业活动中，一定不要忘记自己是什么人、能干什么、想干什么。

1. 总结过往经验

各种各样经验的积累，包括教训的积累，造就了现在的我们。所以，深入了解自己的第一步，就是总结过去在接触人和事当中所得到的经验，回顾所向往过的人和职业，从中了解自己的深层性格和价值取向。

一个人的成长，往往受到一些较重要的人或事的影响，这些人或事就叫作关键人或关键事，关键人或关键事往往对一个人的世界观、人生观和价值观的形成起到很大的作用，这种作用会在其面临关键选择的时刻产生影响。毫无疑问，关键人或关键事对一个人的影响可能是积极的，也可能是消极的。如果是后者，那么就应该适时调整，并在就业单位的选择、工作角色的选择等方面考虑这些因素。比如，个别学生小时候经历了家庭变故或者本人受过挫折，形成了内向，不善于与人打交道，甚至自我封闭、自卑等特征，单纯从性格匹配的层面来讲，这类学生可能不适合从事一些需要经常与人交涉的工作，或者在从事这些工作时会产生很强的内心冲突和不适应。

2. 满意度测试

能在千万同龄人中"过五关斩六将"成为大学生，应该是很幸运的事。但由于每个人的经历都有所不同，有的人对大学生活很满意，有的人对大学生活可能不满意，不妨根据以下内容对自己对大学生活的满意程度进行一个简单的自我测试。

(1) 对自己就读的大学的形象和气氛是否满意。

(2) 对自己的专业和专业成绩是否满意。

(3) 对自己在大学里的交友圈子和生活方式是否满意。

(4) 对自我能力是否满意。

(5) 对整个大学生活是否满意。

针对以上五项内容，如果你认为不满意者占多数，请换一个角度来看问题：是否自己对大学的期望太高？是否自己没有准确地进行自我定位？然后对自己最不满意的地方进行分析，了解自己觉得不满意原因。比如，有一些同学，在应聘时看到名牌院校或热门专业的毕业生与自己竞争同一个岗位，自信心就大打折扣，有时甚至不战而退，这种心理会影响整个求职过程。究其原因，是其对自己的学校、所学专业等方面不满意或者说是自卑感在作祟，这时须及时进行心态调整。如果对这些不满意的方面没有一个正确的态度，带着这些不满意踏上就业之路，必然会对求职产生不利的影响。

（二）自我评价的原则

自我评价是建立在自我观察、自我分析基础上的对自我素质的全面评估。正确的自我评价应当注意以下原则。

1. 客观性原则

对自己进行观察、分析、评价要以客观事实为基础和依据。不客观的评价就是过高或过低的评价。过高评价会使自己脱离现实；过低评价往往会令人忽视自己的长处，使自己缺乏自信，过于自卑。

2. 全面性原则

自我评价应当全面，既要看到自己的优点和长处，又要看到自己的缺点和不足；既要看到自己某一方面的特殊素质，又要看到自己的整体特征。任何一种片面、孤立、不分主次的自我评价都是不全面的。

3. 发展性原则

自我评价时应以发展变化的眼光看待自己的现实素质，作出客观、全面的评价，而且应当着眼于未来发展变化，预见自己的发展潜力和前景。

三、就业过程中的心理问题

（一）认清就业过程中的心理问题

1. 情绪问题

（1）焦虑情绪。焦虑情绪是指个体预料将会有某种不良后果产生或因模糊的威胁、危险出现而自觉难以应付时，由紧张、忧虑、烦恼、恐惧、焦急等感受交织而成的复杂的情绪状态。焦虑常不由自主地影响一个人的精神状态、认知、行为和身体状况。被焦虑所困扰的大学生常出现烦躁不安、思维受阻、行动不灵活、身体不舒服、失眠等现象。在这个发展变化极快的社会，大多数人都可能有过焦虑体验，而大学生在学习、就业、人际交往、社会适应等方面遇到的问题很多，这使得焦虑在大学生中的发生率偏高。适度的焦虑是促进个体人格整合与社会化的内在动力，是个体面对安于现状与不求进取的对抗剂。只有当焦虑十分严重，并表现为焦虑性神经症时，才可视为疾病。

（2）紧张情绪。紧张情绪是指个体精神处于高度准备、兴奋不安的状态。高校毕业生在就业过程中过度紧张的现象经常发生。比如，有些同学在参加面试过程中，进行自我介绍时支支吾吾、语无伦次，把原本准备好的内容全部忘光，大脑一片空白，汗如雨下，面红耳赤，用人单位代表向他提问时，他精神恍惚，答非所问。

（3）抑郁情绪。抑郁情绪是指一个人悲哀、不幸福和烦躁的心境与情绪反应。它一般在认识上表现为自我评价较低，常常自责愧疚，并时常产生罪恶感、无望和无力感，对未来比较悲观等；情绪上表现为沮丧、悲伤、闷闷不乐，甚至绝望；行为上表现为萎靡不振、寡言少语、兴趣减少、行动迟缓、不想活动、浑身无力等。如果说适当的焦虑有助于个体的学习和工作，那么抑郁基本上没有什么积极的作用。抑郁产生的主要原因包括两点：一是外部环境的负面事件和压力，如就业或升学压力、人际关系冲突、家庭环境不和谐等；二是个体内部的人格特点和心理过程。

（4）愤怒情绪。愤怒情绪是指个体受到威胁、外在攻击、限制、失望或挫折等任何一种刺激情境而激发的情绪。其特性是自主神经系统被激起强烈的反应，并且可能引起语言上内隐或行为上外显的攻击反应。从个体适应的角度来说，愤怒有某些积极的作用，如它可以激发动机、精力和能力，作为自我防卫的资源，并提供持续的动力；它可以提供一种机会帮助个体表达负面的感受；它可以帮助个体创造一种主宰和控制情绪的感受，同时引起别人的注意或重新调整不平衡的关系。但愤怒也容易影响身心健康，限制理性思考，阻碍有效的行动，引发过分的自我防卫，严重的可能引发攻击或暴力行为，对人际关系具有很大的破坏作用。

（5）恐惧情绪。恐惧情绪是最有害的负性情绪，它诱发极大的紧张度和激动性，对知觉、思维和行动均有显著的影响。在全部基本情绪中，恐惧具有最强的压抑作用。个体在强烈恐惧的情况下，知觉通道强烈收缩，导致视野狭窄、思维缓慢、活动刻板、肌肉紧张、行动僵化，影响操作活动的效果。恐惧情绪还会带来不确定感、不安全感和危机感，使人的自信度大大降低。这里讲的恐惧是指有病理性特点的恐惧，即对常人一般不害怕的事物感到恐惧，或者恐惧体验的强度和持续时间远远超出正常人的反应范围。它是对某一类特定的物体、活动或情境产生持续紧张的、难以克服的恐惧情绪，并伴随着各种焦虑反应，如担忧、紧张和不安，以及逃避行为。

2. 认知问题

认知是指个体认识和理解事物的心理过程，是个体对环境、他人及自身行为的看法、信念、知识和态度的总和。大学生在就业过程中，常常会出现一些认知偏差。其主要表现包括以下两个方面：

(1) 灾难化。灾难化就是对消极事件的潜在后果详加描述或过分强调。灾难化不仅会直接干扰认知活动，而且会由于所引发的强烈负面情绪和生理唤醒而增强总的压力反应。

(2) 自我评价偏差。

① 自大。在就业中，有些学生觉得在学校自己的成绩比别人好，获得的荣誉比别人多，理所当然工作要比别人好。这些学生大都好高骛远，期望值过高，在内心深处产生一种目空一切、高人一等的心理，反映在行为上往往是固执己见或自命不凡，求职时对客观条件的估量不够准确，不能正确评价自己的素质和条件，过高估计自己的知识和能力水平。由于眼高手低，他们容易给用人单位留下浮躁、不踏实的印象，造成求职困难。

② 自卑。自卑是自我情绪体验的一种形式，是个体由于某种生理或心理上的缺陷或其他原因所产生的对自我认识的态度体验，表现为对自己的能力或品质评价过低，轻视自己或看不起自己，担心失去他人尊重的心理状态。例如，在对自己的生理条件如外貌、身高等，以及对学习、交往等各方面能力的评价上，认为自己明显不如他人。

3. 行为问题

最常见的行为问题是人际沟通问题。高校毕业生求职择业需要进行人际沟通，人与人在沟通的过程中，有时可能产生许多障碍，如性格障碍、情绪障碍、理解性障碍、心理定式障碍等。这些障碍破坏了人际沟通的正常途径，就如同道路上的陷阱，如果不加以调整和排除，人际沟通就会深受其害。因此，高校毕业生要善于自我控制，使自己始终保持在稳定、理智、清醒的状态，对人对事要大度为怀，不斤斤计较，这样才能把自己的魅力和优势显示出来，赢得更多的朋友，获得用人单位的欣赏和接纳。

（二）就业心理问题的预防与应对

1. 设定合理的就业期望值

良好的心理很可能来源于遗传神经类型或长期的积极行为模式，因此需要长时间的训练和学习才能获得。大学生要调节好情绪，培养出良好的调节心理状态的能力。心理调节能力水平对个体活动量和活动强度有直接影响，因此，它将关系到一个人在工作中所能承担的责任程度和类型、所能承受的压力，以及一个人能投入到工作和娱乐中的体力和精力。

通过双向选择、自主择业，多数毕业生能找到较为满意的工作，但也有不少毕业生的工作难遂其愿；也许专业对口，但单位地处偏僻或工作在基层；也许单位在繁华的大都市，但专业所学无用；也许单位很大，但人才济济难有出头之日；也许单位、专业合乎心愿，但收入不高；等等。可以这样说，没有哪个工作单位或职业是绝对优越的。对于这些问题，毕业生应该有充分的预期，从长计议，放眼未来。

基层和边远地区是锻炼人成才的好地方。我国的现状是大城市、大机关、科研单位、高等院校竞争比较激烈，从业者可能因此产生心理落差。而基层人才匮乏，特别是边远地区人才奇缺，这些地方为大学生提供了施展才华的有利机会。大学生就业时如果急功近利，只顾眼前利益，抛弃对事业的追求，荒废了青春，将得不偿失。

2. 正视挫折，树立自信

人们在求职择业中遇到挫折是正常的，切不可因此而自卑。一个心理健康的人对人生总是保持着自信心；如果丧失了自信心，就失去了开拓新生活的勇气。自信心如果只是在工作生活的顺境中才有，那么很难说这种自信心是坚定的。挫折对人既有消极作用，又有积极意义。就积极方面而言，挫折能引导一个人产生创造性的变化，即挫折能够增强人的韧性和解决问题的能力。许多创业者的经历告诉我们，正是创业路上的挫折，激发了他们不甘现状的创业热情，他们在挫折中获得了在过去安稳状态下难以获得的成就。不遭遇挫折和困难的人，或一直想逃避挫折或困难的人，是难以体验到成功的快乐的。宇树科技股份有限公司创始人王兴兴说：我相信，时代不会辜负长期主义者，要坚持做难而正确的事。挫折和困难不是某个人的专属，每一个人都可能遭遇它。是被挫折击倒，还是从逆境中站起来奋力拼搏，全凭个人的选择。面临同样的挫折情境，有的人视它为不幸，有的人却视它为珍贵的财富。后者能够在挫折中看到机遇，并以此为契机，通过坚持不懈的顽强拼搏，最终获得令人瞩目的成就。

3. 积极调整情绪

大学生在就业时，常会流露出一些消极情绪，如愤怒、焦虑、厌烦、灰心、内疚、失望、孤独无助、不满、倦怠、脆弱、刻板等。情绪的产生与人的身体状况及认知等因素有关。消极的情绪往往是在身体不适、对自身认知消极，尤其是在处事中受挫的情况下产生的。当一个人认为自己无能时，他就会产生无能的情感体验。这些消极的情感体验不但对我们的身体健康不利，而且会影响人们作出决策。积极主动地克服消极的情绪，培养积极的情绪体验，能够获得自信，并能增强决策能力。快乐、轻松、幸福、无内疚感、可靠、耐心、胜任、满意这些积极有益的情绪会给大学生带来更多的希望和更理智的抉择。

大学生应学习运用心理学方法保持心态平衡，如自我静思法、自我转化法、自我慰藉法、自我适度宣泄法、自我暗示法、幽默疗法等。高校毕业生在就业过程中，如果心态失去平衡，可以根据实际情况选择使用这些现代心理学方法，定会收到较好效果。

4. 获得社会支持

社会支持是一种以个体或群体为中心，由人际交往与社会互动关系构成的资源节点。它可以表现为情感、物质、信息、行为等多种手段。社会支持既可以是个体或群体从各种互动过程中获得或感知的亲密关系，也可以是其外部可利用的主客观资源。

从社会实践的角度来看，社会支持往往被看作人们对社会扶持帮助与支撑的一种需要。社会支持理论的应用价值在于通过社会支持系统的补充优化与构建，帮助个体或群体调适自身需求与社会现实之间的不平衡状态，提高个体的身心健康度与社会的资源统筹度。

对于求职者来说，有形的支持（如钱或物的使用）、亲朋好友情感的支持（如爱和关心）、求职信息的支持（如事实或建议）、评估支持（在自我评估时提供支持信息）等，都可以帮助求职者缓解就业不良情绪，更好地找到适合自己的职业。求职者可以通过家人、朋友、同学、学校、社会咨询机构等支持渠道找到合适的支持资源。

第二节　求职定向

对每一个应届毕业生来说，求职都是一项系统工程，其中包含对个人性格、兴趣爱好、职业发展规划等的定位和思考，又考验个人信心、耐心及对细节的把握能力等综合素质。求职者对求职过程中的每一个环节都需要认真、仔细对待，只有这样才能把握住可能到来的机遇。俗话说"好的开始是成功的一半"，求职准备在求职之旅上可以说是非常关键的一步。在充分了解职场环境和自己的前提下，找到自己和工作的契合点，对于大学生认清自我、找到合适的工作而言是十分必要的。

一、就业影响因素

（一）职业特征

1. 稳定性

正式工享受单位完善的福利待遇，拥有正常的晋升渠道，职业发展相对比较稳定；非正式工福利待遇较差，无晋升渠道可言，稳定性较弱。对于工作内容，表面上看非正式工从事辅助类工作，实际上从事的工作和正式工差别不大，而且更琐碎、更繁重。这种用工方式是为了降低用人成本，广泛存在于国家机关、事业单位、国有企业以及大型股份制企业中。但是，随着社会的发展，人们的基本保障得到进一步改善和增强，"编制"的稳定性作用将进一步弱化，职业稳定性的决定因素将主要转移到个体自身对职业的体验上来。智联招聘发布的《2024 大学生就业力调研报告》显示，在就业偏好方面，国企成为大多数毕业生的首选，48% 的应届毕业生希望进入国企工作，这体现了毕业生对工作稳定性的高度重视。

2. 声望

对大多数人来说，职业不仅是一个"饭碗"，也体现出自己的社会地位。职业地位、职业声望对处于特定社会中的成员具有非常重要的意义，谋求地位较高、声望较好的职业是个体获得心理满足并肯定自己社会价值的一种选择。当下，市场经济的发展和创业浪潮的兴起让一些高收入职业备受瞩目，涉税违法案件的出现和收入分配的矛盾也让一些曾被热捧的职业有所"降温"。与此同时，第三产业的发展又不断催生出各种新职业。什么样的工作才是好工作？一些常见职业的社会声望如何？这些问题在人们心中并无定论。

【拓展阅读 1-1】
职业声望的相关
理论

3. 企业知名度

企业知名度，通俗地说，就是一个企业为大众所熟知的程度。它关系着这个企业的影响力和竞争力，是评判企业强弱的一个指标。社会对各类职业所持的倾向性态度总会通过传媒、个人习惯、舆论等各种渠道渗透到大学生职业评价要素中，成为大学生社会化认识的重要方面。在就业影响因素中，企业知名度等因素所占比例越来越大，特别是各行业的头部企业越来越受到应届生的青睐。企业知名度对大学生就业去向选择的影响是潜移默化的，它已经进入大学生的社会认知领域，成为他们不自觉的考虑因素，尤其是在他们对某种职业缺乏深入了解与切身感受时，企业知名度的作用会格外突出。

用人单位普遍采用以岗定薪制度，岗位薪酬通常与职位价值、学历背景及工龄等因素直接挂钩。基于智联招聘《2024 年大学生就业力调研报告》和教育部 2024 年应届生就业质量年度报告的数据，对 2024 年与 2023 年核心指标进行对比分析如表 1-1～表 1-4 所示。

2023—2024 年应届生薪资与就业趋势对比

表 1-1　实际薪资水平

指标	2023 年数据	2024 年数据	变化趋势
全国平均年薪	11.84 万元	12.43 万元	↑ 5.0%
本科月薪中位数	5850 元	6120 元	↑ 4.6%
硕士月薪中位数	9200 元	9680 元	↑ 5.2%
博士月薪中位数	14800 元	16500 元	↑ 11.5%

关键发现：薪资增幅呈现"学历越高增长越快"特征，博士薪资涨幅达近五年峰值。

表 1-2　期望薪资理性回调

指标	2023 年数据	2024 年数据	变化趋势
平均期望年薪	13.52 万元	13.89 万元	↑ 2.7%
期望/实际薪资差距	14.2%	11.7%	↓ 2.5%
期望薪资同比增幅	9.1%（较 2022 年）	7.3%（较 2023 年）	↓ 1.8%

核心结论：期望薪资涨幅连续两年放缓，差距收窄速度加快（2023 年收窄 0.8%，2024 年收窄 2.5%）。

表 1-3　学历分层固化加剧

学历	2023 年期望月薪	2024 年期望月薪	差额扩大幅度
博士	18600 元	21984 元	↑18.2%
硕士	13850 元	15132 元	↑9.3%
本科	9920 元	10975 元	↑10.6%

分层现象：

硕博薪资差从 4750 元→6852 元（扩大 44.3%）。

博本薪资差从 8680 元→11009 元（扩大 26.8%）。

表 1-4　行业分化新特征

行业领域	2023 硕士起薪	2024 硕士起薪	增幅
人工智能	18592 元	21300 元	↑14.6%
新能源	14300 元	16280 元	↑13.8%
传统制造业	8950 元	9210 元	↑2.9%
消费品零售	7880 元	8050 元	↑2.2%

结构性矛盾：战略性新兴产业薪资增幅是传统行业的 5 倍以上。

（二）外在价值

1. 薪资福利

企业提供的薪资水平，往往代表了企业的实力，体现了岗位的重要程度。名企提供的薪资往往达到行业内较高水平。近几年，互联网、电子通信、金融行业招聘的高校毕业生平均薪资较高。在 2023 年本科毕业生毕业半年后十大高薪专业排名中，与 IT（信息技术）紧密相关的计算机类专业占 5 个、电子信息类专业占 4 个。

福利指企业为了留住和激励员工，采用的非现金形式的报酬。福利的形式包括保险、实物、股票期权、培训、带薪假等。高校毕业生在就业时，除关注薪资之外，也要选择一些能够提供培训机会的公司。

2. 舒适性

很多单位在招聘公告中强调工作环境的优越，是因为工作环境也是单位实力的表现。工作环境包括硬环境和软环境，硬环境为办公环境，软环境为企业文化。现在，很多大公司非常注重员工的个性化需求，会为员工提供健身房、阅览室、球场等设施；并通过定期举办集体生日舞会、文体比赛等活动丰富员工业余生活，营造独特的企业文化。

3. 地域

目前，就业地域选择不得不和经济发展的聚积效用相结合。选择工作地域需要按一定的原则进行重要性分析，大致包括以下几个要点：

（1）产业结构差异导致就业地域分化。传统产业与新兴产业的区域分布：劳动密集型产业（如制造业）集中在沿海经济大省和人口大省，如广东、浙江；而新兴产业（如数字经济、绿色经济）则更多布局于科技创新资源丰富的地区，如苏州（民营经济活跃）和武汉（科技研发优势）。

（2）地方经济结构影响就业质量。市场化程度高的城市（如苏州、福州）因民营经济发达，能够提供更多灵活和创新型岗位；而体制内强度高的城市（如烟台、郑州）就业机会集中在政府、国企领域，就业市场活力相对受限。

（3）地理环境。一是气候。南方人可能适应不了北方的严寒，北方人也不一定能适应南方沿海城市的潮湿，所以就业地域选择还要考虑气候因素。例如，被称为"三大火炉"的重庆、武汉、南京，夏天炎热，潮湿，这种气候对人的耐受能力是一种考验。二是交通便利性。就业城市有码头、火车站、机场当然最好。假如工作地点是小城市，但离大城市非常近，也可以考虑，在不能一步到位的情况下可先到小城市就业。沿海地区的优势是交通方便、人口密集，可优先考虑。此外，很多沿海城市是侨乡，外资企业比较多，经济比较发达，就业与职业转换的机会大。

（三）内在价值

1. 兴趣

各种职业的工作条件、工作方式、工作强度、工作性质，以及工作的社会和经济价值都不相同。如果你做的工作是自己喜欢的，就容易做出成绩，自己也会有成就感。如果工作不符合个人兴趣，又不能轻易更换工作，可以选择在业余时间增强自己的技能，为下一阶段寻找适合自己感兴趣的工作做准备。特别是"Z世代"（出生于1995—2009年）青年，在选择职业时，更是将兴趣作为重要因素。我们要正确看待这一因素的影响，职业满足兴趣固然很好，但当职业不满足兴趣时，我们也要学会平衡和调适；可以在业余时间提升自己的兴趣，直到兴趣可以发展为自己的职业技能。

2. 能力

能力是指完成一定活动的本领，包括完成一定活动的具体方式以及所必需的心理特征。具备不同能力优势的人适合学习的专业和从事的职业是不一样的。比如，空间想象能力强的人适合于学习机械制造、工程设计、建筑和艺术等相关专业，从事与这些专业相对应的职业。每个人都有自己的能力优势和个性特征，有自己的长项、弱项，高校毕业生只有在充分认识自己的前提下，才能恰当地选择适合自己的专业方向和职业。明尼苏达工作适应论告诉我们，如果个人技能能够满足工作需求，则工作的满意度会比较高，工作的稳定性就比较强。应届毕业生应在工作中锤炼工作技能以满足工作需求，这也是知识时代对工作者提出的终身学习要求。大学生应当尽量在自己能力允许的职业群中寻找合适的岗位，这样职业成功的可能性才会大大增加。

3. 个性

性格、气质是个性当中的稳定因素。性格如何、气质怎样，对大学生的就业选择发挥着重要作用。要想做好工作，除了需要专业的知识、良好的技能，也需要职业和自己的个性相匹配。大学生借助科学手段了解自己的个性类型，有利于进行准确的职业定位，有利于职业发展。当个体从事的职业与其个性相吻合时，个体更能够发挥出潜力，更容易成功；反之可能导致才能无法施展，或者必须付出更大的努力才能成功。现今职场中，很多著名企业在招聘员工时，将性格的测试放在首位，当性格与职业相匹配时，才对其能力进行测试考查。他们认为性格比能力重要，如果一个人能力不足，可通过培训提高，但一个人的性格若与职业不匹配，要改变就困难得多。

（四）其他

1. 人际关系

第一，好的人际关系能够让我们获取有价值的就业信息。比如，如果你在某个城市有亲戚、同学、朋友或他们的人脉资源，可以让你比其他人了解更多的就业信息。第二，好的人际关系能够提升我们就业成功的概率。每个人要想获得成功，几乎都需要得到他人的支持和帮助，必要时获得的重要支持可以帮助我们实现目标和追求。第三，好的人际关系能够拓展我们做事的广度。有时候我们的成功需要来自更多人的支持和帮助，这就需要我们具有影响力。

2. 晋升机会

行业是否具有广阔的发展前景，直接决定你在今后是否具有晋升的可能。如果处于一个不断壮大的朝阳行业，行业发展将会给个人提供更多机会；如果处于一个衰落行业，机会空间会被挤占，个人甚至会因大环境不好而被淘汰。当然，行业的兴盛和衰落不是绝对的，与经济发展趋势和国家政策高度相关。

二、求职目标确认

（一）毕业生目标选择

大学生毕业后，会面临直接就业、继续学习深造与创业等选择。

直接就业包括担任公务员、到不同类型的企业工作及从事自由职业等方向。其中公务员和国有企业、事业单位的员工有相对稳定的收入和良好的福利保障；民营企业发展空间较大，自由度高，升职、积累经验相对更快，但工作环境稳定性较低；外资企业收入较高，但竞争激烈，对外语水平要求较高；从事自由职业能充分发挥个体的才能爱好，时间相对自由、充裕，但对自控力、计划性、理财观念要求较高，收入相对不稳定。

继续学习深造包括在国内攻读研究生或者出国留学，适合对某个专业、某种学问非常热爱并具有相应的研究能力、潜力的大学生。继续学习深造有助于进一步提高学历，增强职场竞争力。出国留学不仅能增长见闻、开阔视野、磨练能力、培养吃苦精神，而且可以学习国外的先进知识与理念。但出国留学对资金要求较高，且工作收入与教育投资不一定成正比。如果在国外没有学到真正的知识，则会浪费宝贵的青春。

创业可以全方位锻炼人的综合能力，最大限度激发人的潜质，也可以培养个体系统性的思维能力。目前我国的创业环境在逐渐改善，当前的政策为大学生创业提供了良好的条件。与此同时，大学生应认识到，成功的创业者不只需要拥有远大的理想和激情，还需要具备长远的目光和进行周密的规划，而且需要具备较强的领导能力、行动力和适应性，以及较高的商业信用。

（二）毕业生目标确认的原则

1. 服从社会需要的原则

社会是由人构成的，社会需要本质上就是人的需要。人们通过参与不同的职业活动，既满足社会需要，也满足自身的需要。因此在选择职业时，首先要理智地分析社会的客观需要，明确每个职业岗位上的工作都有它特殊的社会意义和存在价值，是整个社会不可缺少的组成部分。其次，在择业时要把兴趣、爱好、专长与社会实际需要有机统一起来。我国高校毕业生就业实行双向选择制度，需要对人才流动与配置进行必要的调控。大学生在择业时要综合考虑个人兴趣爱好与社会需要。

2. 发挥素质优势原则

高校毕业生在择业时，要综合考虑个人素质，侧重某一特长或某一优势来选择职业岗位，以利于今后在职业岗位上出色地完成本职工作。这才能体现人尽其才、才尽其用的要求，也有利于大学生增强个人自尊心、自信心，在走向工作岗位时，迅速转换角色，适应工作，发挥个人素质优势。

3. 有利于发展成才的原则

高校毕业生在择业过程中要遵循以事业为重、实现人职匹配这一科学原则。这是高校毕业生走向社会、走向成功的第一步。而现实生活中，高校毕业生在择业时不能完全摆脱职业幻想的干扰，择业意向往往以十全十美为追求目标，期望过高。事实上，职业所提供的各种条件是很难满足择业者的所有要求的。因此，高校毕业生在考虑择业因素时要分析利弊、分清主次、合理取舍。而合理取舍的标准，就是要把那些有利于发展成才的条件作为择业时的主要考虑因素。这是择业定位中最重要的基本原则。

4. 可行性原则

可行性原则用来衡量决策是否可行，即从人力、物力、财力、能力诸方面来看决策是否可以执行和达成目标。对于大学生来说，求职目标应在考虑现实环境基础之上确定，既要探究自我求职需求，又要学会把动态的外部环境和自我探索进行整合和交互，通过对外部环境的观察来反思求职目标是否可行。大学生要培养随时调整与适应的能力，调整自己的求职目标，确保求职目标是可以实现的。

第三节　决策行动

决策行动是连接"理想自我"与"现实路径"的核心纽带，它通过理性选择明确方向，以主动实践破除空想，让规划从静态蓝图转化为动态成长。它不仅能在试错与调整中积累经验、校准目标，更能在持续行动中强化自我效能感，使个体在应对复杂环境时保持主动性，最终将生涯规划的愿景落地为可触摸的职业发展与人生价值的实现。

一、影响就业的不良心态

（一）心态的重要性

世界上的事，总有好、坏两面。当你只看到事物消极的一面时，你会自我设限，怀疑退缩，最终丧失机会；当你换个角度，用积极的心态来看待时，事情就会立刻转向积极的那面。有什么样的心态，就有什么样的思维和行为，就有什么样的环境和世界，就有什么样的未来和人生。

心态不同，人的一切感觉都不一样。所以，人和人的根本区别就在于心态不同。伟人之所以伟大，很重要的一点是他们在关键时刻的心态更积极。多少人因为消极的心态而与成功失之交臂，多少人因消极的心态而一失足成千古恨。简言之，你现在处于什么样的处境完全取决于你的心态。不明白这个道理，就容易抱怨社会、抱怨领导、抱怨他人。心理学上有个名词，叫自我设限，意思是行动的欲望和潜能被自己的心态惯性扼杀。这也提醒我们：当处于消极心态时千万不要作出人生重大决定。

（二）影响就业的不良心态

1. 价值观影响下的急功近利

急功近利是指部分大学生在求职时仅将薪酬高低和待遇好坏作为评价标准。主要表现为：对环境优越、福利待遇高的大公司、机关事业单位，毕业生蜂拥而至；环境艰苦、物质待遇差的基层单位却经常受到毕业生的冷落。有的大学生宁愿在大城市失业、"漂着"，也不愿到能发挥自己专长的边远地区和中小企业就业。虽然这种就业心理是受到社会大环境的浸染和现实因素的诱惑所致，从个人选择的角度看，有其合理的一面，但这种急功近利的就业观如果不加以正视，势必会造成大学生就业面越来越狭窄，加剧大学生就业的结构性矛盾。

2. 习惯性依赖下的被动心态

部分应届高校毕业生自立意识不强，在很多事情上缺乏应有的分析问题和解决问题的能力。在择业时，对一个单位是否适合自己，往往不是凭自己的思考来决断，而是依靠父母之意、师长之意进行取舍，表现出较强的依赖心理。依赖心理是一种依赖大多数人或权威的从众心理，在求职择业中具体表现为自己缺乏独立的见解，人云亦云，常为家长、同学所影响，不能根据自己的实际情况作出切合实际的选择，从而丧失了最能发挥自己特长的机会。

3. 信任感缺失下的凑合心态

在求职过程中，有些大学生由于家庭或性格等因素常常低估自己的能力、缺乏勇气。在就业压力下，他们忽略自己的爱好、理想、特长、所学专业，想着只要有岗位接收自己就可以。面试时在用人单位面前表现得过分紧张、畏首畏尾，个人才华无法得到展示，给用人单位留下了不好的印象。一些大学生在求职时不考虑自己的兴趣、专业等特点，而是依着别人说什么工作好、什么行业的前景广阔，就盲目跟风选择。

4. 目标感丧失下的迷茫心态

大学生在毕业时面临着不同的选择，如考研或是就业，加上就业形势严峻，担心择业失误或找不到工作。各种担心会造成心理负担、精神紧张。求职中，绝大多数毕业生都会担心能否恰当地表现自己的能力、能否找到一个理想的工作岗位等。尤其是一些冷门专业毕业生、就业困难毕业生往往表现得更为迷茫。这种迷茫，使大学生精神负担沉重，表现为紧张烦躁、心神不宁甚至恐惧。在这种迷茫情绪的支配下，大学生不能理性分析用人单位的真实情况，一旦发现未能如愿，又后悔莫及；未落实就业单位的大学生急得像热锅上的蚂蚁，忧心忡忡，烦躁不安。因此，在就业过程中合理确定不同阶段的目标与任务十分重要。

二、从大学生到职业人的角色转变

（一）大学生与职业人的根本区别

(1) 大学生以学习、探索为主要任务。一方面，在校园学习中无须怕犯错误，什么事情都可以去尝试，为了学习的尝试哪怕是错了，也能够得到谅解。另一方面，大学生在学习上可以依靠导师，有什么问题都可以向导师请教；在生活上可以依靠父母。总之，大学生在学校里基本没有什么负担。而成为职业人以后，他们应尽快地适应社会，学会服从领导和管理，迅速适应上级的管理风格；职业人如果在工作中犯了错误，要承担成本和风险责任及相应的社会责任。

(2) 大学生在校园中遵循寝室—教室—图书馆—食堂"四点一线"的简单而安静的生活方式，享受单纯而简单的校园文化气氛。但成为职业人后，他们面临的是快节奏的职场生活、紧张的工作；没有了寒暑假，自由支配的时间少，还要适应不同地域的生活环境和习惯；由于缺乏实际工作经验，开始工作时往往不能得心应手，压力显著增加。

(3) 大学生在校园生活中，可弹性安排学习时间，有教学大纲提供清晰的学习任务；被鼓励在学术上进行探究；以知识为导向，以抽象性与理论性学习为主要原则。但职业人在单位里，要按时上下班，不能迟到早退；工作任务往往急而重；以结果为导向，要完成领导交代的一件件具体实在的工作任务。

(4) 社会规范指人们社会行为需遵循的规矩、社会活动的准则。它是人类为了满足社会共同生活的需要，在社会互动过程中制定并明确施行的；其本质是对社会关系的反映，也是社会关系的具体化。比如，处理好人际关系就是每一个高校毕业生走上社会后必须学会的本领。社会上的人际关系相对于学校中的同学关系要复杂得多，会让初出茅庐的大学生毕业生一时不适应，而事实上，不同的环境对人的影响和要求也不同，需要高校毕业生尽快适应。

（二）角色转变的重要性

(1) 角色转变有利于大学生根据职业素质要求完善自身知识结构，确立择业目标。大学生进入大学后，学习的主动性和目标性减弱，容易忽略职业生涯设计与规划。大部分大学生在临近择业时，奔波于多个企业之间求职，寻求理想的就业单位，过多注重择业的结果，而忽视平时的就业准备。通过角色认知，大学生能够强化"学业是择业的基础和前提"的意识，提高竞争的实力。如今，校园中出现的"考驾照热""计算机热""辅修课热""英语考级热"等，都是大学生为适应角色转变、实现人生理想所作出的积极努力。

(2) 角色转变有助于大学生尽快适应职业生活。完成大学学业，走上工作岗位，依靠自身的职业劳动维持生存，实现人生价值，这是高校毕业生人生征途上的一个重大转折。在这个人生转折过程中，谁能够尽快地、主动地从大学生角色进入职业人角色，实现角色转变，谁就能够在事业之初掌握优先发展权。目前，大学生在大学的最后一个学期要参加实习，实习过程中要合理规划，争取在这个阶段尽快进入职业适应期，提前完成角色转变。

(3) 角色转变有利于大学生在激烈的人才竞争中脱颖而出。21 世纪经济领域的竞争归根结底是科技的竞争、人才的竞争，谁拥有高科技和高级人才，谁就将在激烈的竞争中立于不败之地。高校毕业生作为高校培养的高级人才是用人单位争夺的焦点，与此同时，大学生之间同样面临着竞争。竞争是无情的，适者生存、优胜劣汰是不以人的意志为转移的客观规律。高校毕业生初次进入职场必然面临着来自各方面的挑战和竞争，只有尽快进入职业角色，熟悉业务，才能在激烈的人才竞争中稳操胜券，脱颖而出。

(4) 角色转变可以为大学生将来的成才和创业夯实基础。从大学生到职业人的角色转变，实质上是从继承知识、储备知识向创造性地运用知识、创造知识转变的过程。一个企业发展的关键在于技术创新，而人才的本质特征就是创造性或创新性。能否主动、快速、顺利地实现角色转变，通过创新性劳动创造最大的经济效益和社会效益，反映了毕业生素质和能力的高低。大学生应以积极的态度，主动适应岗位需要，投身于职业实践之中，不断积累知识和经验，调整和完善自身的知识和能力结构，为自己将来成才打下扎实的基础。

三、角色转变的行动路径

（一）毕业前夕的角色转变

目前，我国高校毕业生在每年 7 月初离校，奔赴工作岗位，但是求职行动一般从前一年的 10 月份就开始了，前后共有大半年的时间。可以说，这一时期是毕业生转变角色的重要阶段，主要体现在以下两个方面：

一是毕业前夕是择业的黄金季节。毕业生通过与用人单位双向选择的过程，可以对用人单位加强了解，对自己的职业进行合理定位，进而通过落实就业单位来确定自己的职业角色。毕业生在与用人单位接触的过程中，能够比较全面地了解到用人单位的基本情况，切身体会到社会对自己的认可程度，并依据自身感受调整职业期望值，实事求是地定位自己的职业。这是从学生角色向职业人角色转变的第一步，对角色转变将产生深远的影响。

二是提前奠定良好的心理基础和知识技能基础。一般来说，在校学习期间的学习环境、学习条件、时间和精力对于知识的学习和技能的训练都是最为理想的。因此，从达成就业意向到毕业离校这段时间，是有针对性地学习知识、培养能力进而转变角色的最佳时期。在这段时间内，大学生除了按照学校正常教学计划完成课程学习、实习实践和毕业论文撰写外，还应该结合未来的职业和岗位进行有针对性的学习和训练。

【拓展阅读 1-2】
毕业离校前可结合职业和岗位进行的针对性学习训练

（二）从宏大的"人生理想"向现实的"职业理想"转变

第一份工作对大学生的影响是巨大的，从"高高的象牙塔"走出来的大学生有着理想化的思维方式。然而就业压力大，选择余地小，大学生就业能够专业对口就已经很不容易了，这让大学生感到理想与现实之间的落差太大，一时难以接受。先前怀抱宏大理想的大学生，在现实面前容易失去目标，失去动力，只感到实现理想是遥遥无期的事情。对大学生来说，当务之急是把理想转化为职业目标，并制订出切实可行的计划，搭起一座让自己从理想走入现实的桥梁，去实现职业目标。实现职业目标有很多途径，要结合自己的优势特长去选择一条最适合自己的途径，更快地实现职业目标，从而实现职业理想。从实现职业理想的角度看，我们所做的工作一定要与职业目标有密切的相关性，否则，所做的工作将不会为职业理想提供支持，那么实现职业理想就会成为空想。

（三）从"沧海一粟的学习者"到"独立工作承担者"的转变

国内高校大多采用班级制对学生进行管理与教学。大学生作为班级群体中的一员，在大多数时候并不会作为一个单独的授课对象来接受教育，检验学习成果的考试也是批量进行的，并且考试远没有验收工作任务那样严格。而大学生即将进入的社会，对个体的衡量则是单独进行的。社会个体以自己的工作换取社会的价值回报，报酬的取得与个体的工作业绩密切相关。社会评价也注重个体角度，而不再主要从群体的角度对个体进行评价。与高校的评价标准相比，社会的优胜劣汰规则使得个体之间的差距更加凸显，这种差距体现在工种、环境、报酬等方面。

（四）从单纯的处理问题方式向处理复杂的人际关系转变

新到一个单位，崭新的生活方式、陌生的社会环境、复杂的人际关系，都让职场新人感到不习惯，他们没有耐心去思考一些细节上的问题，因此难以适应且四处碰壁。为了尽快适应新角色，他们要揭掉自我标签，低调做事。现代大学生的特点是张扬个性，彰显自我风格，追求与众不同。但工作岗位不是上演个人秀的舞台，因此刚刚迈上工作岗位的大学生一定要注意自我形象，做事一定要低调，少说多看，尽快熟悉人际关系，融入环境；锐气藏于胸，和气浮于脸，才气见于事，义气施于人；对上司先尊重后磨合，对同事多理解慎支持，对朋友善交际勤联络。复杂的人际关系是社会构成的一部分，如果亲和力太小、摩擦力太大，一不小心，天时、地利、人和都将离你而去。融入环境的手段之一是学习基本的礼仪知识。职场有职场的规则，单纯地讲礼貌是不够的。身处其中，一言一行、一举一动都要符合职场规范。

（五）从系统的理论学习向多方位的实际应用转变

大学生在学校里学习的都是系统的理论，一课连接一课，课课有现成的教科书，有教授讲解，有助教辅导。到了工作岗位上，需要具备实际动手能力，而且实际应用是多角度、全方位的。没有人告诉你哪个该学、该怎么学，知识积累全靠自己探索，从而导致做事可能没有实现目标，甚至偏离目标。在应届毕业生进入企业的时候，企业会进行入职培训，职场新人要多学、多看、多虚心请教，才能积累工作经验。大学生若缺乏实践经验又不虚心学习就很难得到发展。以谦逊的态度去向别人虚心请教，你会发现别人身上值得你学习的地方有很多，当然，你的身上也有别人值得学习的优点。

（六）从悠闲的校园生活向紧张的职场打拼转变

大学生从悠闲的校园生活步入紧张的职场环境，往往面临诸多挑战。校园生活节奏相对自由，学习任务可自主安排，而职场则强调效率、纪律和团队协作。为顺利适应这一转变大学生需做好心理调适，培养职业素养。

首先，要调整心态，树立责任意识。职场不同于课堂，工作任务有明确的考核标准，需按时保质完成。其次，提高时间管理能力，合理规划工作节奏，避免拖延。此外，主动学习职场规则，如沟通礼仪、汇报方式等，以更快融入团队。最后，保持积极学习的态度，职场技能需在实践中不断提升。

通过调整心态、优化习惯、主动适应，大学生能更快完成从校园到职场的角色转换，在职场中稳步成长。

（七）从浮躁的心态向逐步理性化转变

转变需要时间，与单位的磨合需要时间，积累经验也需要时间，竞争力的培养同样需要时间。单位会给大学生融入职场的时间，哪怕时间很短，这个过渡过程也必须经历。在过渡期间，大学生不能轻视怠慢，要积极努力，从浮躁的心态中走出来，尽快进入符合单位要求的状态，这是理性化的成熟表现。单位看重大学生，主要就是看到了年轻人身上的发展潜力。实习是一个大学生走向社会的阶梯，如果在实习期间表现得好，机遇就会光顾，机遇或是拿到实习单位的录用通知，或是把实习经验转变为竞争优势。不管什么用人单位，都需要谦虚谨慎、好学上进的员工；都需要员工勤奋刻苦，把远大志向落到实处，树立责任感，执着追求事业。

（八）从家长呵护向自我保护转变

许多大学生在进入就业大军时，往往对就业的相关期限、实习权益一知半解。他们以前依赖家长，现在需要自立，需要自己判断、自己选择。选择去一个根本不了解的单位是一种冒险，因此不要轻易确定第一份工作。一般来说，新人对职场的第一次体验是刻骨铭心的，它会使新人对职场产生一种固定印象，形成一种固定的心理状态，从而影响今后的职业心态和职业规划。对于自己向往的单位，实习生应该全力以赴地做好自己的工作，争取最终能被该单位录用。但是要警惕，一些用人单位由于制度不完善，有可能侵犯实习生的权益，实习生要懂得维护自己的权益，以防被一些单位违法当作廉价劳动力使用。大学生要学会在社会上独立，学会保护自己，学会应对各种状况，学会维权。

（九）从衡量成绩向衡量报酬转变

大学生群体以学习知识技能为主要目的，而不以获得物质报酬为主要目的，是一个不以利益为导向的社会群体，大学生的价值衡量标准主要是学习成绩和在校表现；就业后，社会对个体的价值衡量标准主要以报酬来体现。在大学时期，有的大学生已经开始接触诸如实习、打工等以报酬为价值衡量标准的谋利行为。成绩好的学生毕业所找的工作不一定有成绩稍差的学生理想，这种个别现象说明学校和社会对人的价值衡量标准是不同的，一个学生在学校和社会不同的价值标准衡量之下，会得到不同的评价结果。所以，大学生应该对学校和社会的不同衡量标准有理性的认识，在心理上做好应对价值衡量标准从成绩到报酬转变的准备。

四、角色转变过程中容易出现的问题

大学生在向职业人角色转变的过程中，往往会面临着新旧角色的冲突。有些大学生由于受到社会因素、家庭因素，尤其是自身认知能力、人格心理发展、意志品质以及情绪情感等因素的影响，不能正确认识角色转变的实质，或者在角色转变中不能持之以恒，于是在角色转变过程中容易出现以下问题。

（一）对大学生角色的依恋

一些高校毕业生在角色转变过程中容易依恋大学生角色，出现怀旧心理。大学生活使得每一名大学生在学习、生活和思维方式上都养成了一种相对固定的习惯。因此，在职业生涯开始之初，许多高校毕业生常常会自觉或者不自觉地把自己置身于大学生角色之中，以大学生角色的社会义务和社会规范来要求自己、对待工作，以大学生角色的习惯方式来待人接物、观察和分析事物。

（二）对职业人角色的畏惧

一些大学生在刚走进新的工作环境时，不知道工作应该从何入手、如何应对，在工作中怕担责任、怕出事故、怕闹笑话、怕造成不良影响，于是在工作中放不开手脚，畏首畏尾，缺乏年轻人应有的朝气和锐气。

（三）主观思想上的自傲

有一些毕业生对"人才"概念的理解不够全面和准确，认为自己接受了比较系统、正规的高等教育，拿到了学历证书，学到了知识，已经是比较高层次的人才了，因而往往看不起基层工作和基层工作人员，甚至认为作为一个堂堂的大学生干一些琐碎得不起眼的工作是大材小用，有失身份，于是就轻视实践，眼高手低，态度傲慢。

（四）客观作风上的浮躁

一些毕业生在角色转换的过程中受社会环境的影响，表现出浮躁作风和不稳定的情绪，如一阵子想干这项工作，一阵子想干那项工作，不能深入工作内部了解工作性质、工作职责以及工作技巧。近年来，毕业生频繁跳槽的人数增多，就是因为一些大学生初次就职后还不能情绪稳定地进入职业人角色，反而认为单位有问题，单位不适合自己。事实上，如果不能静下心来踏踏实实地学习，适应工作，不管什么样的单位都不会适合。

模拟实训

绘制属于你的职业梦想地图

现在，请按如下步骤操作。

(1) 首先准备好以下素材：一张 A3 或是 A2 大小的纸张，10 本以上你喜欢的杂志（图片较多的）或画报，一把剪刀，一瓶胶水，一张书桌。

(2) 安排个宽松的时间（约 2 个小时），找个安静的无人打扰的环境，准备开始。

(3) 可以安静地坐着或躺着，让自己先放松下来。回顾一下，你的职业定位是如何产生的；它以什么样的景象呈现在你面前；你的 20 年、10 年、5 年目标分别是什么，它们是如何相互促进的；你的核心目标是什么，它们在你的大脑中呈现什么样的景象，把这些景象深深地印在脑海中。

(4) 现在，你可以集中精力想象一下 1 至 2 个阶段目标达成的景象，如 5 年后的景象，或是 10 年后的景象和 20 年后的景象。这些景象可以是你将要呈现的职业形象、你的办公环境、你所拥有的物质财富等任何你期待的东西。根据你脑海中呈现的景象，从你准备的杂志或海报上查找对应的图片，然后把它们剪下来备用。当然，你也可以直接在互联网上搜索图片，存储在计算机中。

(5) 在找到的图片中选择最能代表你想要表达的内容的图片，并找出每张图片（目标达成的景象）之间的内在联系，然后把它们摆放在你准备的纸张上。确定位置后用胶水粘在纸张上，并用彩笔把它们之间的关系用连线或箭头标出。你还可以在各个部分的图片上标注信息。

(6) 找个合适的位置，用醒目的字体写上整个拼图的主题、你的姓名和日期。这就是你的职业梦想地图。选择一个你平时生活中经常看到的地方，把你的职业梦想地图贴上去。现在，它就是你生活的一部分了。

一切处理完毕，一幅栩栩如生的职业梦想地图就呈现在你的面前。体会一下你的心情，是不是很向往，很激动？

现在，全力以赴地追求你的梦想吧！美好的生活从现在开始！加油！

本章小结

本章帮助高校毕业生用全面的思维方式来思考职业规划的问题，引导他们知己知彼，从就业市场的需求出发，思考"现在是什么环境，我如何决定自己的新角色？""这个环境需要什么，我如何体现自己的价值？""这个环境会怎么发展，我如何准备以适应发展？"等问题，注重从现实的就业环境出发，从被动转为主动，主动地探索外部世界，发现并抓住机会。

课后练习

1. 自己可以选择的职业有哪些？

2. 用全面的思维方式思考职业规划的问题，从目前就业市场的角度出发，对自己可以选择的职业进行职业价值澄清。

(1) 请在"我的职业选择"表格中找出的职业价值因素，按你认为的重要程度进行排序，写在表格的第一列。

(2) 请从物质和精神角度分析，是否需要补充职业价值因子？请写在第二列。

(3) 请从父母的角度分析，他们希望你在职业选择中考虑哪些因素？请写在第三列。

(4) 国家、社会希望你在职业选择中考虑哪些因素？请写在第四列。

(5) 从未来的角度分析，五年后的你希望现在的你在职业选择中考虑哪些因素？请写在第五列。

我的职业选择

职业价值因素	物质和精神角度	父母的角度	国家、社会的角度	未来的角度
1.				
2.				
3.				
4.				
5.				
6.				

3. 利用决策平衡单，选出自己得分比较高的职业。

(1) 请在第一列写下你重视的职业价值因素。

(2) 请按重要程度为每个职业价值因素赋予权重，以数值(如1~5)来表示，写在第二列。

(3) 请对各职业选择满足职业价值因素的程度进行评分，满足为"+"，不满足为"−"，用 −10~10 分表示满足的程度。

(4) 请将各职业选择满足程度的得分与各价值因素的权重对应相乘记分，将结果记录在相应的空格内。

(5) 请并将每一个职业选择下所有的正负积分相加，得出总分。

决策平衡单

职业价值因素	权重(1~5)	职业 1		职业 2		职业 3		职业 4		职业 5		职业 6	
		+	−	+	−	+	−	+	−	+	−	+	−
合计													
总分													

4. 确定自己的职业选择，利用职业定向九宫格，再次澄清自己的职业选择是否合理。

职业定向九宫格

城市：	行业：	岗位：
代表性单位：	代表性单位：	代表性单位：
兴趣结合情况：	能力结合情况：	价值结合情况：

5. 确定自己选择的目标，并思考为了实现自己的目标应做好哪些准备。

第二章 ▶▶▷

就业形势与信息收集

核心目标

1. 了解和把握新时代的就业形势。
2. 掌握就业信息收集的渠道。
3. 掌握求职渠道，拓宽求职、就业路径。
4. 把握国家经济社会发展的趋势，树立正确的劳动观和成才观。

思维导图

第一节　就业形势

就业是最大的民生、最基本的民生，是国家战略实施的重要抓手，是经济发展的核心动力，是社会稳定的根本保障，也是个人价值实现的关键路径。就业形势是指一个国家或地区劳动力市场和个人就业形势的总体状况，反映劳动者在就业活动中面临的整体环境，它会影响社会经济发展与个体就业决策。

一、就业形势概述

2024年的《政府工作报告》中，多处提到"就业"二字。国家统计局数据显示，2024年国民经济运行总体平稳、稳中有进，就业形势保持基本稳定。但当前就业结构性矛盾比较突出，青年等部分群体就业仍面临困难和压力。未来，我国高校毕业生就业形势将延续总体平稳态势，但不确定、不稳定因素仍然很多，就业形势依然比较复杂，面临诸多挑战。

（一）高校毕业生人数持续创新高

据统计，2021年、2022年、2023年、2024年全国高校毕业生人数分别为909万人、1076万人、1158万人、1179万人（图2-1）。2025年全国高校毕业生规模创新高，预计达1222万人，同比增加43万人，叠加留学归国人员，就业竞争空前激烈，不少高校毕业生将会面临"马上毕业，即将失业"的窘境。

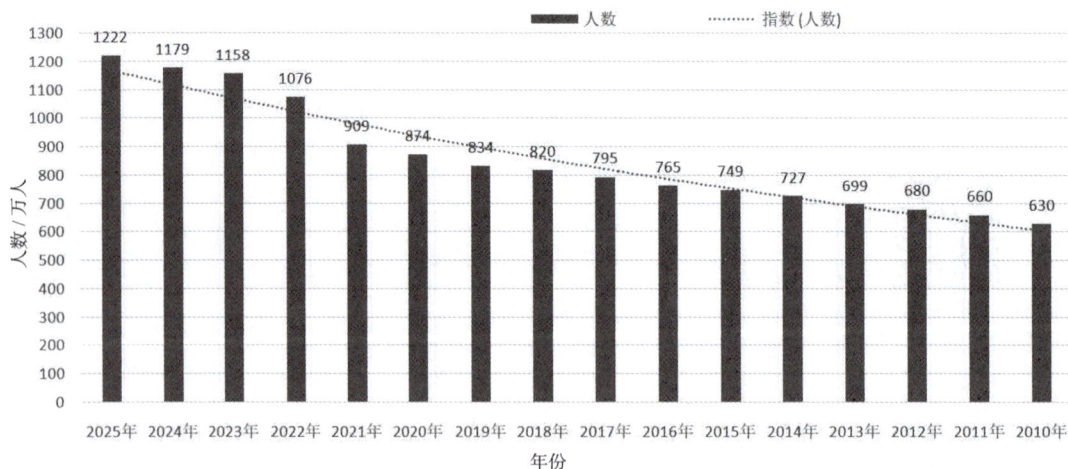

图2-1　2010—2025年全国高校毕业生人数统计图

（二）岗位增长滞后

受经济发展和社会因素影响，部分就业岗位明显缩减，新增就业岗位有限。目前，全球经济形势复杂多变，国际货币基金组织 (International Monetary Fund，IMF) 预测，2025年全球经济增长预期为 3.2%，但经济形势依然充满不确定性，包括冲突、保护主义和利率上升等风险。这些不确定性对经济增速产生负面影响，进而影响企业招聘需求，使得就业形势更加复杂多变。国家及时出台了减税、免税等扶持企业发展的优惠政策，但经济发展的负面影响仍然存在，对交通运输、物流、贸易、住宿、餐饮、教育培训、文化体育、旅游、影视娱乐、进出口等行业的影响尤甚，加剧大学生的就业难度。

BOSS 直聘发布的《2020 应届生春招求职趋势报告》显示：截止到 2020 年 3 月 31 日，春招季求职活跃的应届毕业生较上年增加了 56%，而企业对应届毕业生招聘的需求规模却同比下降了 22%。前程无忧发布的《2024 年春季招聘行情》显示，2024 年上半年多数雇主仍然以"成本控制"和"人才保留和激励"为主要目标，人工智能技术对工作改变已经露出端倪。工作机会的来源 (数量和质量) 不同以往，而人才的获得路径也非惯性和惯例可以满足。

（三）毕业生求职新模式不适应

随着新一轮科技革命和产业变革加速演进，招聘模式发生新变化。为适应数字经济的快速发展、就业形态和用工需求的多元化，直播带岗、灵活用工等新的服务层出不穷，发展的动能日益强劲。2023 年 12 月，人力资源社会保障部办公厅发布了《关于推进直播带岗在就业公共服务领域应用的通知》，将进一步健全就业公共服务体系，推进直播带岗在就业公共服务领域广泛应用。中国人民大学中国就业与民生研究院发布的《直播平台就业价值报告 (2023)》中显示：截至 2023 年底，快手平台带动 4022 万个就业机会，其中，快手平台直接带动的就业机会为 2244 万个，间接通过快手内容生态和电商生态拉动的就业机会为 1778 万个。而毕业生的求职经验集中在传统的人才市场招聘会，对求职新模式还不适应，需要转变思想，主动适应数字化带来的求职模式升级。

二、宏观就业形势

（一）就业政策

当前，我国高校毕业生的就业政策简单概括起来就是"双向选择，自主择业"，一些传统的限制毕业生就业的政策和壁垒已经基本没有了。国家为了引导和鼓励高校毕业生服务基层和社会，专门出台了相关的基层就业政策。除此之外，还有选调生选拔、高校毕业生应征入伍、国家公务员、地方公务员、事业单位和各类政法、医务、教师等专门的就业政策，为高校毕业生就业保驾护航。国家和地区地方政府为扶持创新创业也出台了一些新政策，为创业者提供了全方位的支持和保障 (详见第八章)。

（二）就业结构

以重庆市为例，2023 年，重庆市有普通高等院校共计 71 所。其中本科院校 27 所，专科院校 44 所。共有普通高校毕业生 33.37 万人，比 2022 届增加了约 2 万人。以下是部分具体情况介绍。

1. 重庆市普通高校毕业生规模

(1) 总体情况。重庆市 2023 届普通高校毕业生共 33.37 万人，其中专科毕业生为 16.77 万人，占毕业生总数的 50.26%；本科毕业生约 13.90 万人，占毕业生总数的 41.65%；研究生 2.70 万人，占毕业生总数 8.09%，如图 2-2 所示。

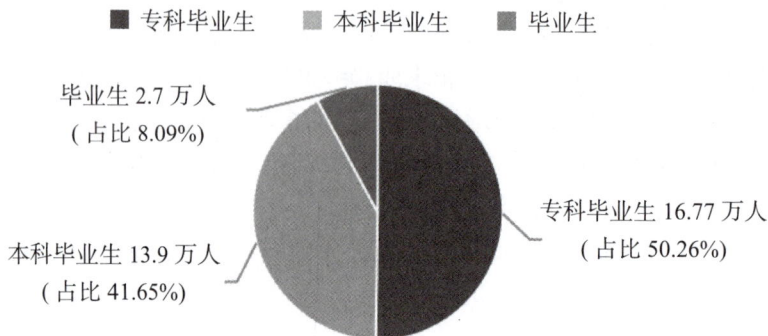

图 2-2　重庆市普通高校毕业生学历占比

(2) 分学科情况。重庆市普通高校本科毕业生分布在 12 个学科大类中，其中毕业人数占比较大的前三个学科大类分别是工学、管理学和文学。研究生毕业生人数占比较大的前三个学科大类分别是工学、教育学和法学，专科毕业生占比较大的前三个专业则为财经商贸、电子信息和装备制造。

2. 重庆市普通高校本科毕业生就业情况

(1) 分性别就业情况。男生就业人数约 16.72 万人，占毕业生总数的 50.26%；女生就业人数约 16.65 万人，占毕业生总数的 49.90%，男生就业率比女生就业率略高。

(2) 就业去向。从就业单位性质来看，重庆市普通高校本科毕业生主要选择在企业就业，其就业人数占已就业人数的 52.15%，其中国有企业为 8.49%，如图 2-3 所示。

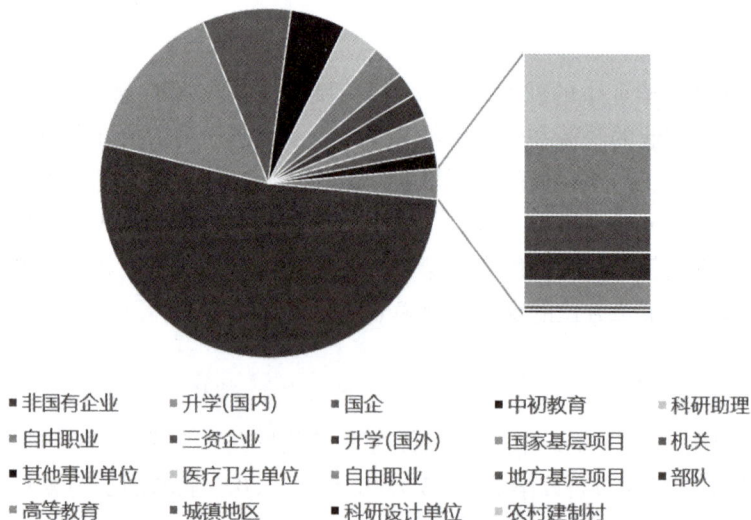

■非国有企业	■升学(国内)	■国企	■中初教育	▦科研助理
■自由职业	■三资企业	■升学(国外)	■国家基层项目	■机关
■其他事业单位	■医疗卫生单位	■自由职业	■地方基层项目	■部队
■高等教育	■城镇地区	■科研设计单位	▦农村建制村	

图 2-3　重庆市普通高校本科毕业生就业去向占比

（3）就业行业情况。从就业行业划分来看，主要在制造业、信息传输（软件和信息技术）服务业、教育业和建筑业等，自主创业主要集中在批发和零售业，如图2-4所示。

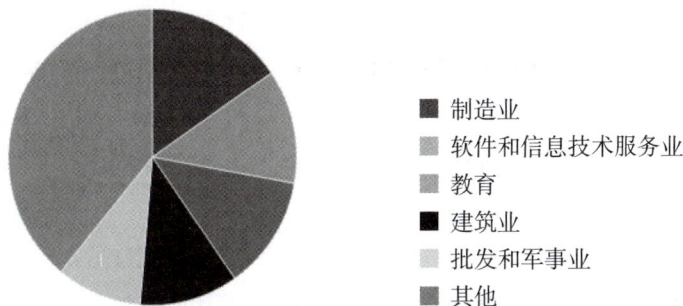

制造业
软件和信息技术服务业
教育
建筑业
批发和军事业
其他

图2-4　重庆市普通高校本科毕业生就业行业占比

（4）就业区域情况。从就业单位所在的区域来看，重庆市普通高校本科毕业生主要在西部地区就业，其人数占已就业人数的72.02%，其中在重庆本地就业的人数占已就业人数的56.65%；其次是到东部地区就业，比例为19.44%。（图2-5）

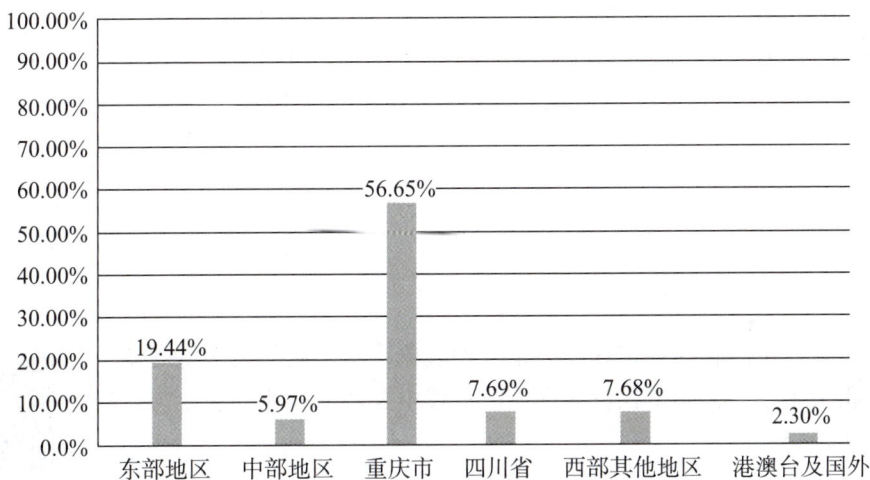

图2-5　重庆市普通高校本科毕业生就业区域占比

（5）部分专业就业情况。以重庆市2021届普通高校本科毕业生就业情况为例，就业率90%以上的专业（按就业率由高到低排序，毕业人数少于200人的专业不纳入排序），如表2-1所示。

表2-1　重庆市普通高校本科毕业生就业率专业排名（90%以上）

序号	专业名称	毕业去向落实率（%）	序号	专业名称	毕业去向落实率（%）
1	小学教育	96.57	6	能源与动力工程	90.60
2	地理科学	94.62	7	体育教育	90.59
3	工程管理	96.53	8	护理学	90.08
4	电子科学与技术	93.10	9	数字媒体技术	90.05
5	物流工程	92.36			

就业率 80% 以下的专业 (按就业率由低到高排序，毕业人数少于 200 人的专业不纳入排序)，如表 2-2 所示。

表 2-2　重庆市普通高校本科毕业生就业率专业排名 (80% 以下)

序号	专业名称	毕业去向落实率 (%)	序号	专业名称	毕业去向落实率 (%)
1	政治学与行政学	68.50	15	法语	77.54
2	动物科学	71.06	16	金融学	77.63
3	统计学	72.90	17	德语	77.67
4	动物医学	72.73	18	土地资源管理	77.73
5	服装与服饰设计	73.89	19	应用统计学	77.75
6	侦查学	75.00	20	网络与新媒体	77.89
7	生物技术	75.48	21	临床医学	78.22
8	公共事业管理	76.17	22	英语	78.86
9	知识产权	76.65	23	工商管理	79.93
10	商务英语	76.76	24	环境设计	78.97
11	金融工程	76.80	25	会计学	79.07
12	视频质量与安全	77.00	26	社会工作	79.18
13	日语	77.10	27	产品设计	79.51
14	绘画	77.41	28	信息工程	79.53

(三) 就业理念

大学生就业难问题在一定程度上是一种表象，其实质与大学生的就业理念有很大关系。大学生在就业择业的过程中要调整就业心态，树立正确的就业理念。

【拓展阅读 2-1】
重庆市 2021 届普通高校毕业生就业情况报告

1. 积极转变就业观念

面对当前就业压力与日俱增，就业形势严峻化、复杂化的现实情况，毕业生应摒弃"铁饭碗"思维、"一步到位"等传统就业观念，积极调整就业心态，不盲目追求大城市就业、高薪酬工作，调整就业期望，改变被动等待的就业现状，主动适应新时代就业形势的变化，树立正确的就业观念。

大学生要转变狭义的就业观念，树立广义的就业观念，立足自身条件，结合时代特点，与时俱进；拓展就业认知，转变对基层就业、灵活就业、自主创业等就业方式的看法；丰富单位认知，关注民营企业、社会组织等多类型就业单位；建立职业发展认知，形成动态的螺旋式上升职业发展观，拓宽个人成长路径；形成成熟的就业观，将个人发展与国家战略与时代需求相结合。

2. 合理定位就业目标

就业是大学生职业发展的第一步，作为即将走出象牙塔的毕业生，合理定位个人的就业目标尤为重要。人职匹配是制定就业目标的基本逻辑。一方面，毕业生需要加强学习职业生涯规划的基本理论和方法，全面认识自我，合理定位职业需求，从个人兴趣、性格、能力及价值观几个维度深入全面地进行自我认知与剖析。另一方面，毕业生需要充分认识当前就业形势、就业市场和行业、组织、职位的相关信息。适当调整自己的就业期待，合理定位就业目标。面临部分工作与自己专业不匹配的情况，要敢于接受挑战，增强自己的工作适应能力。当面临目标定位过高的情况时，要降低对部分目标岗位不切实际的期待，勇于到中小企业去，到偏远地区去，到基层去，到社会最需要的地方去。

3. 调整就业心态

大学生在求职的过程中要调整就业心态，以积极乐观的态度面对就业，杜绝以下三种不当的就业心态：

(1) 杜绝攀比心理。毕业生寻找选择就业单位时，往往是以自己身边同学的就业标准来定位自己的就业标准。在这种心理作用下，即使某单位非常适合自身发展，毕业生也可能因该单位的某个方面比不上同学选择的就业单位而彷徨、放弃，事后却后悔不已。

(2) 杜绝眼高手低。部分毕业生在考虑工作单位的时候，将工资福利、住宿条件、地理位置、工作环境等都考虑到了，但是并没有从实际考虑和衡量自身的情况，忽略了单位是否认可自己，盲目追求高目标，最终导致与适合自己的岗位失之交臂。

(3) 杜绝自卑和自负心理。在竞争激烈的就业过程中，部分毕业生由于所学专业发展前景不乐观，或者自身学习和综合能力欠佳，多次受挫，产生强烈的自卑感。自卑心理会阻碍自身优势的发挥，影响就业。与此相反，部分同学各方面能力突出，被多家单位青睐，从而产生了自负心理，进而产生"这山望着那山高"的心态，导致错过适合自己发展的岗位。

三、行业与职业形势

2025 年 1 月，中国人民大学中国就业研究所发布《2024 年四季度就业形势分析——基于智联招聘网络大数据》主题报告，数据显示 2024 年四季度的 CIER 指数[①] 环比小幅上升、同比下降。基于计量模型的预测显示，在趋势因素、周期因素和季节因素的共同作用下，2025 年一季度 CIER 指数将低于 2024 年四季度。从行业和职业来看，2025 年一季度不同行业间就业景气极化程度有所缩小。专业服务 / 咨询、娱乐 / 体育 / 休闲、中介服务等行业就业景气程度相对较高。2024 年 3 月下旬至 4 月中旬，智联招聘围绕 2024 届毕业生的毕业去向、就业偏好、求职行为、求职进展、就业选择等维度开展问卷调研，发布《2024 大学生就业力调研报告》。报告中指出就业行业结构矛盾明显，就业职业趋势变化差异较大，新业态、新职业需求增长明显。

---

① CIER 指数是用来反映就业市场景气程度的指标，其计算方法是：CIER 指数 = 市场招聘需求人数 / 市场求职申请人数。

（一）就业行业结构矛盾明显

高校毕业生 CIER 指数，同全国就业市场 CIER 指数差距不断拉大，反映出的正是就业市场结构性矛盾不断加剧的状况。分行业来看，以 2024 年第四季度为例，高校毕业生需求占比最多的行业分别是专业服务 / 咨询 / 财会、互联网 / 电子商务、计算机软件、中介服务、房地产 / 建筑 / 建材 / 工程；供给占比最多的行业则分别是互联网 / 电子商务、专业服务 / 咨询 / 财会、房地产 / 建筑 / 建材 / 工程、计算机软件、电子技术 / 半导体 / 集成电路。需求排名靠前的五个行业主要招聘岗位为房产销售、普工 / 操作工、管培生、组装工，主要为蓝领岗或销售岗。装备制造业、能源和基建三大领域依然领跑就业势头，传统工学类专业，尤其是能动类和电气类，继续保持在前两位。

【拓展阅读 2-2】高校毕业生就业形势较好和较差的行业排名

（二）就业职业趋势变化差异较大

2024 年 IT/ 互联网 / 游戏行业毕业生需求旺盛，一直处于各行业首位，释放 20%~25% 的毕业生职业需求。IT 互联网行业为应届生提供很多就业岗位，也是应届生最向往的行业。电子 / 通信 / 半导体行业紧随其后，金融行业排第四，占 7.6%。想在国企工作的应届生比例连续 5 年上升，从 2020 年的 36% 持续上升至 2024 年的 48%。2024 届毕业生最想去的是央企国企，占比为 48.04%；排在第二位的是政府机关 / 事业单位，占比 20.55%；而期望进入民企的毕业生连续 5 年下降，从 2020 年的 25.1% 持续下降至 2024 年的 12.5%。面对充满不确定的宏观环境，毕业生找工作的"求稳"心态在持续加重，51% 的毕业生看重工作稳定性，较 2023 年提高 10 个百分点，毕业生求职更希望有稳定的工作和收入来源，提高生活质量和抗风险能力。从地域上来看，上海、北京、深圳、广州、杭州经济发达，就业和实习机会多，是毕业生求职的热门城市。同时，新一线城市对毕业生的吸引力也在增大，47.81% 的 2024 届毕业生选择新一线城市为理想工作城市。从校招新发职位来看，京津冀和粤港澳新发校招职位呈现增长趋势，释放越来越多高校毕业生需求。

【拓展阅读 2-3】高校毕业生就业形势较好和较差的职业排名

（三）新业态、新职业需求增长明显

在全球提倡低碳环保、致力实现碳中和碳达峰的趋势下，新能源汽车、机械 / 制造、能源 / 化工 / 环保、医疗健康、电子 / 通信 / 半导体能源 / 化工 / 环保等行业的重要性日益凸显，就业形势较好。近年来，售后技术支持、科研人员、带货直播等岗位，应届生职位需求的增长也均超 100%。同时，为满足消费者不同的细分需求，与生活服务业新体验、新消费相关的新业态如雨后春笋般涌现出来。根据美团研究院的统计，仅在美团平台上的新体验相关的生活服务业新业态就多达 47 个，既包括室内萌宠互动（如宠物咖啡馆）、宠物摄影、电影酒店等将传统业态融合了新内容后重新焕发活力的新业态，也包括极限体验（蹦床、漂浮、冲浪、跳伞、滑翔伞等）、小众爱好体验（油画、花艺、国学、戏曲）等在近几年实现快速发展的重度垂直体验类新业态，还包括家庭／公共场所消毒杀菌、线上医疗等医疗健康类新业态。

新业态是生活服务业的新生事物，其中很多尚处于孕育成长期，需要精心呵护。生活服务电子商务平台将丰富的生活服务业新业态与消费者连接起来，吸纳了大量新职业从业者，有效扩大了就业市场，新增了以数字化运营师、密室设计师为代表的高新技术人才的就业规模。

【拓展阅读 2-4】
了解新业态

【拓展阅读 2-5】
美团涉及的生活服务业新业态和新职业情况

四、个体就业情况

（一）部分大学生就业期望定位不合理

有关部门的调查显示，部分大学生在就业方向的选择上期望过高。第一，以国家公务员、事业单位、大型国有企业、大公司为优先就业方向的大学生所占比例较高。大学生期望毕业之后能进入一个工资待遇好、个人发展机会大、工作压力小的部门工作无可厚非，但是理想与现实之间会存在一定的差距，而且这种岗位的数量毕竟有限，最终导致大量大学生花费了很多时间却没能如愿，耽误了很好的就业时机。第二，许多大学生选择北京、上海、广州等大型城市就业，而对在自己家乡就业的期待不高，这也是导致就业难的一个重要因素。尽管有部分大学生选择一些小地方、小公司的职位，但其对工资待遇、休假等方面的要求和期望过高，这导致部分大学生被迫进行二次就业。

（二）部分大学生职业生涯规划不清晰

目前，大多数高等院校都会开设职业生涯规划和就业指导方面的课程，制定自己的职业生涯规划是教师对每一个学生提出的要求。制定职业生涯规划有助于大学生明确自己的就业目标，大学生通过分析自身和社会环境的实际情况，为实现自己的职业目标做好规划和准备，全面提升自己各方面的能力和素质，为求职做好准备。然而，在实际的学习过程中，许多大学生对待职业生涯规划不够重视，主要表现在四个方面：第一，不认真制定自己的职业生涯规划，有部分大学生根本没有重视规划意识的培养。第二，职业生涯规划的内容不合理，不符合自身的实际情况，以及对未来社会的发展趋势认识不到位等。第三，部分大学生在刚入学时制定的职业生涯规划不够准确，随着社会形势的变化和自己兴趣、能力的发展，没有适当地进行调整。第四，部分大学生制定了较好的职业生涯规划，但是没有认真落实到位，导致职业生涯规划的作用不能发挥。

（三）部分大学生求职依赖心理突出

大学生的求职依赖心理在求职就业过程中主要表现为大多数人的从众心理。一是盲目跟随大流。部分大学生缺乏自己的独立见解，未从自己的实际情况作出合理的职业选择，而是盲目跟随大流选择热门行业或热门区域，缺乏个性化的职业规划。二是家庭依赖，部分学生依赖父母或主要社会关系决定个人生涯规划，缺乏个人主观能动性。三是学历依赖，部分学生过度依赖学校品牌或专业优势，缺乏对就业市场的全面和成熟认知，导致职业判断不准确。四是政策依赖，部分学生等待政府或学校的就业帮扶和政策支持，导致慢就业、缓就业。

（四）"慢就业""缓就业"现象突出

近年来，部分大学生毕业后不着急找工作，成为"慢就业""缓就业"一族。这种现象的产生主要有以下方面的原因：一是随着研究生学历成求职"硬通货"，"考研热"不断升温，不少大学生倾向于通过考研提升学历和学校层次，考研的人越来越多。二是当前部分大学生就业期望偏高，但满足条件的岗位又有限，在生存需求逐渐弱化的情况下大学生及时就业意愿不强。三是随着社会经济不断发展，人均可支配收入逐年增多，家庭条件优越的大学生没有过多的经济负担，父母在孩子大学毕业后可继续为其提供相应的经济支持，因此许多毕业生选择暂不就业或者继续求学深造。

第二节　就业信息收集

就业信息是经过加工整理，能被大学生接受和运用，对其就业有一定价值的就业相关消息与资料。准确和有效地把握就业信息是就业选择的基本前提、就业决策的重要依据、顺利就业的可靠保障。

一、就业信息的种类

就业信息包括求职者获得工作职位相关的各类信息，主要有背景信息、职位信息、就业途径信息等。

（一）背景信息

1. 国家和地区的政治经济信息

国家和地区的政治经济信息即国家和地区社会经济发展的方针、政策和规划，是就业的宏观背景信息，直接或间接影响劳动力市场和就业形势，是求职者了解和分析宏观就业形势的基础信息。

2. 劳动就业的相关法律和政策信息

此类信息主要有三类：

(1) 国家对高校毕业生的就业政策和劳动人事制度改革的相关信息，如大学生应征入伍、基层选调生、大学生志愿服务西部计划、特岗教师及创新创业补贴等就业政策信息。

(2) 就业相关法律法规，如《中华人民共和国劳动法》《中华人民共和国劳动合同法》《中华人民共和国民法典》等对就业相关行为进行了规定。相关法律法规，是对求职者个人合法权益的保障。例如，《中华人民共和国劳动合同法》第 19 条第 1 款规定："劳动合同期限三个月以上不满一年的，试用期不得超过一个月；劳动合同期限一年以上不满三年的，试用期不得超过二个月；三年以上固定期限和无固定期限的劳动合同，试用期不得超过六个月。"该条款对大学生在求职签约过程中有现实的保障作用。

(3) 地方用人政策，如当地的就业扶持政策，外地生源就业相关规定、落户政策等，这些都给毕业生提供了就业选择的参考。

3. 就业形势信息

就业形势信息主要包括社会和用人单位人才需求情况、毕业生的就业供求形势等。从供求形势了解就业趋势，获取方向性、领域性总体认知，可为就业选择提供信息支撑。

【拓展阅读 2-6】
《中华人民共和国劳动合同法》中关于试用期的相关条款

4. 行业信息

行业信息主要是与毕业生就业和升学意向相关的行业现状和发展趋势、用人单位和学校的现状与发展趋势。大学生需要关注同自己专业相关的或自己意向就业（升学）的行业、单位的现状与发展趋势，用以客观进行个人发展规划和求职规划。

5. 专业信息

专业信息包括本专业的培养目标、发展方向，在本地区或者全国范围内本专业的就业状况，本校该专业往年和当年的毕业生人数、社会需求情况和就业状况等。这些信息对大学生的求职有参考性价值。

（二）职位信息

职位信息主要是职位的具体信息，包括用人单位的需求情况、发展前景、要求条件、工资待遇等。对于毕业生来说，职位信息是非常重要的就业信息，收集到足够数量、适合自己的职位信息是成功求职的基础。职位信息主要包括以下几个方面。

1. 单位信息

单位信息主要包括用人单位的名称、组织架构、体制、文化等。

2. 人才需求

人才需求主要包括人才需求的数量、人才的培养和发展方向等。

3. 应聘条件

应聘条件主要包括学历、政治面貌、年龄、资格认证、专业技能、经验、特长、获奖情况、身心状况等方面的要求。大部分单位招聘均有具体招聘条件说明。

4. 福利待遇

福利待遇主要包括基本工资、补贴工资、奖金津贴、保险、公积金、假期福利、培训教育、晋升发展等信息。

（三）就业途径信息

1. 就业负责部门和招聘流程

（1）就业负责部门，即了解高校毕业生就业工作是由国家或地方政府／单位的哪个部门（机构）负责就业管理指导，本校是由哪个部门负责具体的工作。例如，大学生志愿服务西部计划项目一般由高校校团委和各区县项目管理办公室负责执行，教师校园招聘由当地教育局（教委）和招聘学校负责执行。

（2）了解招聘流程。公招流程一般为：发布简章 → 报名 → 资格审核 → 笔试 → 面试 → 政审 → 体检 → 公示等。企业招聘流程一般为：网申 → 人力初筛 → 笔试 → 面试等。通常情况下，面试还会根据单位要求分为几轮进行。只有充分了解了就业招聘流程，才能有针对性地做好准备。

2. 就业性质

这里所讲的就业性质，主要是指就业去向和就业单位的性质。有以下分类。

（1）国家基层项目：国家特岗教师、"三支一扶"等项目。

（2）地方基层项目：地方特岗教师、选调生、农技特岗生、乡村医生、西部计划等项目。

（3）部队：包括征集义务兵和士官等。

（4）科研和管理助理：高校、科研机构和企业聘用人员参与研究或管理工作。

（5）自主创业：创立企业，包含成立个体工商户，利用互联网平台从事经营活动，如开设网店等。

（6）自由职业：以个体劳动为主的一类职业，如自由撰稿人、翻译工作者、中介服务工作者、艺术工作者、公众号博主等。

（7）企业：主要包括国有企业、私营企业、联营企业、集体所有制企业、三资企业及其他企业。不同企业的就业途径和性质不同。

（8）机关和事业单位：包括公务员系统和高等教育、中初教育、医疗卫生等各事业单位。

（9）升学：攻读研究生、第二学位。

（10）出国：出国就业和出国深造。

3. 就业范围

当前大学生的就业范围一般没有限制，可面向各地区、各领域进行双向选择。只有部分特殊情况会导致部分大学生就业范围受到影响。比如，国家对定向生、委培生、享受专业奖学金的大学生的就业范围就有明确规定。

4. 就业程序

就业程序信息即与就业相关的一系列流程信息，主要包括：生源信息的核对流程，就业推荐表的填报和审批流程，签订就业协议或劳动合同的流程，政治审查、体检等要求与流程，户口和档案的归属与流程，调整改派的程序和手续，等等。这些都是毕业生需要明确了解的重要信息。一般情况下，高校就业指导中心是就业程序主管部门，各学院就业专员、毕业年级辅导员为学院的负责人员。

二、就业信息的特性

就业信息具有以下主要特性：

(1) 变动性。就业信息不是一成不变的，虽然法律法规政策类信息相对稳定，但行业专业类信息根据产业发展而变化，岗位类信息还具有地域变化性等特点。

(2) 时效性。就业信息的效用具有一定的期限，超过期限，该就业信息失效。

(3) 共享性。就业信息一经公开发布即可为人所共享，是公开的开放性信息。

(4) 传递性。因为就业信息的共享性，就业信息总处于传递和流动的状态，可在就业市场、求职群体中传播。

三、就业信息收集的原则及步骤

(一) 就业信息收集的原则

1. 准确性原则

就业信息的收集需要以真实可信为前提。若信息不准确，有可能带来大学生就业的失误。准确性即把握就业信息的真实性，这是就业信息收集的最基础、最重要的原则。应收集的就业信息主要包括用人单位的准确全称，用人单位的隶属关系、真实现状、岗位信息的准确性等。目前，求职者可以借助天眼查等信息核查平台核实用人单位资质，也可借助搜索引擎搜索意向公司和职位的信息，查看相关评论侧面了解。当然，利用人际关系网络了解用人单位现实情况也是重要途径。

2. 时效性原则

就业信息本身具有时效性特征，越新近发布的就业信息往往使用价值越高，特别是用人单位的招聘计划和相关专项政策等。求职者需要关注近期就业信息。

3. 系统性原则

分散和间断是就业信息的常态。面对这一难点，求职者需要加大信息收集的范围以获取更多信息，进而在科学提炼和系统分析的基础上进行信息的利用。

4. 目的性原则

信息收集应该有计划性、方向性和目的性，求职者需要先确定就业方向，有较系统和详细的收集渠道，对有价值的就业信息及时进行收集。

5. 匹配性原则

在信息收集环节，求职者往往已经进行了充分的个人认知和工作认知，已经具备了较为清晰的求职意向。在收集信息时，求职者有意识地收集与个人相匹配的就业信息是提高求职效率的重要方法。

（二）就业信息收集的步骤

1. 搜索信息

提高信息搜索能力，充分运用招聘网站、微信公众号、线上招聘会等平台，充分借助导师、辅导员、班主任、校友、家庭的力量，尽可能搜集更多的招聘信息。

2. 分析信息

分析信息是指搜索信息后，对信息进行认知和加工，即对信息的内容和形式进行主动观察和思考，并对信息的真伪、质量和实用性等进行鉴别、筛选和检验，去伪存真。

3. 管理信息

建立目标单位信息库列表，用于就业信息的过程化、系统化管理。通过建立目标单位信息库，对经过有效筛选的用人单位信息进行管理；将招聘安排记录在目标单位下，统筹应聘计划；建立就业信息的反馈信息，包括深入交流后对企业的过程化认识、跟踪性情况、个人求职行为的反馈记录等。目标单位信息库如表2-3所示。

表2-3　目标单位信息库

目标单位	单位名1	单位名2	单位名3
单位地址			
企业性质			
应聘方式			
岗位信息			
招聘安排			
联系方式			
反馈情况			

四、就业信息收集的渠道

获取就业信息的渠道非常多元，比较常规的渠道包括高校毕业生就业服务系统、人才市场、大众传媒、互联网平台等，比较特殊的渠道包括移动社交媒体、实习实践、人际关系等。

课堂活动

依据你的观点，请对通过以下求职渠道时行求职的求职成功率由高到低进行排序：

☐ 通过第三方软件或网站求职
☐ 亲自上门拜访
☐ 通过实习求职
☐ 参加校园招聘会
☐ 亲朋好友介绍工作
☐ 政府/社会组织招聘会
☐ 通过单位官网等互联网平台求职
☐ 通过学校发布的求职信息求职
☐ 通过报纸杂志等求职
☐ 单位内部人员推荐

2024 年高校毕业生求职渠道呈现出大而散的特征，网招平台依然是占比最高的渠道，其次为企业校园宣讲会，均在 20% 左右。另外，官方渠道的占比在逐渐提升，如企业官网、校企合作培养就业一体化的比例在逐年提升。可见，网招平台是广泛使用的求职渠道，校园渠道仍是毕业生获取就业信息的重要来源。

（一）高校毕业生就业服务信息渠道

国家部委主办的就业信息网、各省（区、市）政府主办的就业信息网和各高校就业信息网，以及背后支撑这些网站的各级各类就业主管部门和行业主管部门等共同组成了庞大的高校毕业生就业服务系统。它们既独立运行又相互联系，为高校毕业生提供了强大的就业信息平台，提供权威、全面的就业政策、就业指导和具有针对性的各类招聘信息等。

1. 本校就业信息渠道

高校根据国家要求均设有专门负责毕业生就业工作的职能部门，一般为就业指导中心或相关机构，就业指导中心是用人单位和毕业生进行有效沟通的重要平台。院系有就业工作小组和专员负责院系就业工作开展。学校及院系就业部门的工作范畴包括主动收集就业信息、发布就业信息、跟踪就业进展、毕业生就业去向登记及就业派遣等工作。学校及院系的就业信息发布渠道包括就业网站、公众号、聊天群、宣讲会、招聘会等。高校就业网站作为大学生就业信息服务供给的主要渠道，对就业信息内容的全面性和准确性进行把控，为毕业生就业决策提供可靠依据，并提供就业形势分析和职业发展趋势预测，发布就业教育培训和就业管理信息，以及提供职业测评和就业咨询服务。一般情况下，学校的就业信息渠道针对性强、可靠性高、成功率大。

2. 各省（区、市）就业信息渠道

各省（区、市）教育主管部门和人力资源部门都设有负责指导和服务高校毕业生的就业指导服务机构，并配套建设有自己的就业信息网。这些网站信息多、可靠性高、质量较好、范围广、选择性强、公益性强、政策集中，是毕业生不可错过的一个信息渠道。比如，重庆高校毕业生就业信息网就是一个以促进重庆市高校毕业生就业为目的而建设的区域性、权威性综合服务型网站。该网站由重庆市大学中专毕业生就业指导服务中心组织开发，经过不断完善，现成为重庆市各高校、毕业生、就业指导机构、社会用人单位进行网上信息交流的可靠平台。

3. 国家就业服务渠道

全国高校毕业生就业工作主管部门是教育部，其下属专门网站为国家24365大学生就业服务平台（新职业网）。它是高校毕业生获取最新、最全、最权威就业政策与信息的网站。目前，各高校的就业信息网站上均嵌入了该平台。此平台由教育部主管，教育部学生服务与素质发展中心主办，并有全国高校毕业生就业网络联盟支持，其目的主要是利用网络技术和全国高校毕业生就业工作系统的资源，采取网上服务和网下服务相结合的方式，努力从根本上解决就业供求信息不对称的问题。

（二）人才市场

人才市场会定期组织各类专场招聘会，这是毕业生求职的又一个重要渠道。各级人力资源和社会保障部门一般有两个下属机构：人才服务中心和人才市场（有的地市是合二为一）。人才服务中心主要是做人事档案代理、人员调动流动及其相关工作，人才市场主要是做人才就业、人员招聘、人才培训等工作。在人才市场上，毕业生可以直接投递简历，与招聘单位进行交流。部分人才市场还配套有专题网站，提供就业信息等服务。例如，重庆市公共就业服务网是由重庆市人力资源和社会保障局主管的一个在线人才市场，具有强大的管理和服务功能。该网站是毕业生获取就业信息的重要渠道。

（三）大众传媒

以书籍、报纸、杂志、广播、电视和互联网等为主要传播方式的大众传媒是高校毕业生获得就业信息的重要渠道。电视等媒体上经常会介绍各地的人才招聘工作情况、各种就业主管机构制定的政策及法规等就业信息。报刊等媒体上会定期或不定期地介绍一些企事业单位的详细情况及需求信息、招聘启事等，部分刊物开辟了毕业生就业专栏，一些专业报刊还会介绍求职择业的方法技巧以及相关的法规及注意事项等。随着互联网的飞速发展，其通过数字化传播，具备互动性强、信息量大的特点，已成为现代媒体的重要组成部

分，成为发布和获取就业信息的重要渠道。

1. 电视节目

《职来职往》《非你莫属》《令人心动的 offer》《初入职场的我们》等求职节目将求职的流程、求职过程，特别是求职经验进行了呈现，对求职者来说是获取信息的重要渠道。对比一些招聘求职网站，电视节目更具有权威性、专业性、真实性，能够全方位地帮助求职者从各个角度来分析自我和所要应聘的职位。

2. 报刊杂志

报刊杂志是大学生获取就业信息的重要渠道。例如，《中国大学生就业》是为大学生和高校就业指导教师服务的专业性刊物，由教育部学生服务与素质发展中心主办。《中国大学生就业》杂志为半月刊，上半月刊侧重学生的求职指导，除及时、准确的政策发布、求职案例、职业规划、就业辅导、就业指导外，还提供求职、企业招聘、考研、留学、培训、考试等实用信息，充分体现了杂志的实用性，为毕业生职业发展、出国深造等提供全方面的指导。下半月刊侧重相关政策的深度解读、专家学者的高层访谈、就业指导工作热点探讨、高校就业工作的经验交流和就业理论探索等。

3. 互联网平台

互联网平台主要包括搜索引擎平台、专业行业平台、门户网站、社交媒体平台、视频直播平台、即时通信平台等，因其便利性、广泛性、互动性特点，已成为重要的就业信息平台。

(1) 门户网站求职平台。这些平台以专业的人才服务为背景，支持求职者在线填写简历，简历信息将被存入网站的数据库。这些平台将各个岗位细分，求职者只要对于自己的求职意向明确，便很容易找到对口目标岗位，如英才网、智联招聘、前程无忧、BOSS 直聘、中华英才网等都是有影响力的招聘平台。

(2) 单位网站。一般来说，用人单位网站都设有独立的招聘专区。招聘专区会常年公布岗位需求信息，对岗位职责及对求职者的要求描述详尽，有很强的针对性。

(3) 区域性招聘网站。这类网站上的招聘企业基本上是特定地区或城市的招聘平台，通常提供所在地区内的招聘信息和求职服务，适合有明确区域目标的求职者使用。

(4) 政府网站。此类网站多由人力资源和社会保障部门负责，其所发布的信息经过了筛选审核，具有权威性。这类网站的功能较多，是综合类、资源类的网站。例如，中国国家人才网、中央和国家机关所属事业单位公开招聘服务平台、中国就业网等。

(5) 移动社交媒体。随着移动社交媒体的普及，微信、QQ、微博等即时通信类媒体，抖音、哔哩哔哩等视频媒体，知乎、贴吧等知识分享类媒体，已经成为大学生群体喜欢和常用的信息获取方式，更多的企业单位开始通过移动社交媒体进行信息发布与人才招聘。

① 即时通讯媒体。有些综合类的微信公众号、微博等，集就业信息、就业指导于一体，且微信公众号的信息获取方便、快捷，有助于信息收集，如国家大学生就业服务平台

微信公众号。教师人才网微信公众号主要涉及教师招聘。四川教育发布微信公众号是四川省教育厅唯一官方微信平台，主要聚焦公招考试。还有中国大学生就业、高才 - 高校人才网等微信公众号也是实用性强的平台。

②网络问答平台。有些论坛设有就业专栏和专门的就业论坛（如应届生论坛）等。从论坛获取就业信息的好处在于能获得一些真实的经验分享和细节信息，但论坛信息的真实性有待判断，信息主观性也更明显，浏览时需要有较强的信息甄别和判断能力。

③网络视频媒体。随着互联网技术的发展和智能手机的普及，直播行业迅速崛起，直播内容从游戏、娱乐扩展到教育、电商等领域，直播带岗、短视频预热成为新兴的就业信息发布渠道，虚拟现实（VR）、增强现实（AR）等新技术的引入，也进一步拓展了线上求职和招聘的应用场景。

④短视频平台不仅成为拥有巨大用户和流量的国民级应用，更从纵向产业链的建设和横向多领域的交叉融合两方面入手，形成新型实体经济，打通线上线下一体化通道，催生出大量就业机会。通过短视频推荐就业岗位、直播待岗等方式进行招聘已成为一种新兴的求职方式。

4. 实习实践

大学生通过实习了解真实职场状况进而为自己未来的选择打下基础，企业通过提供实习机会为自己选用人才获得便利。专业实习、志愿服务、寒暑期社会实践等各类实践活动是毕业生与就业市场相互了解的重要平台。大学生可以在各种实习实践过程中运用专业知识和个人技能，积累实际工作经验和市场人脉，适应用人单位要求，寻求适合自己的就业机会。

一般而言，通过实习实践，毕业生与用人单位之间已经有了较长时间的接触，双方有良好的匹配度，毕业生应聘成功的可能性也比较大。即便该单位没有留人指标，对于优秀好的实习生，也往往乐意推荐给同行业的其他单位，毕业生可以在实习中抓住机遇，为日后的择业竞争奠定良好的基础。

5. 社会网络

利用各种社会网络（人际关系）获得就业信息是一个非常有效的渠道。毕业生通过用心经营可以建立一个广泛的就业信息社会网络，其中包括亲戚、教师、校友、老乡、好友等。他们提供的信息往往比较具体、准确，而且熟人推荐能增加可信度，应聘的成功率也更高。特别是通过血缘关系、利用校友资源进行推荐，针对性强，成功率高。

综上所述，就业信息有多种来源，各种来源的信息是互补的。不同的就业信息收集渠道各有特点，毕业生要熟练掌握、灵活运用；在收集就业信息的过程中，要注意投入和产出的关系，求职者应当尽量选择适合自己的就业信息收集渠道，降低求职成本。

第三节　求职渠道

了解求职渠道能帮助大学生系统性获取岗位信息，拓宽机会渠道，制定针对性策略，从而提升求职效率与成功率。

一、公招考试

公招考试，是指由政府、事业单位、国有企业等公开宣布招聘计划，并通过公开公平的笔试和面试，择优录用合格人员的过程。公务员招聘、事业单位招聘和国有企业招聘等，均属于公招考试求职范畴。以 2025 年重庆市公招考试为例，其基本信息如表 2-4 所示。

表 2-4　2025 年重庆市公招考试基本信息列表

公招考试类型	报名时间	考试时间	笔试内容
国家公务员	10 月	11 月	行政职业能力测验、申论
重庆市公务员	2 月	3 月	行政职业能力测验、申论
重庆市选调生	10 月	11 月	行政职业能力测验、申论
重庆市教师公招	各区县发布时间不一	各区县发布时间不一	综合基础知识 综合基础知识（教育类）
重庆市特岗教师	5—6 月	6—7 月	专业素质教育理论
"三支一扶"	4 月	5 月	综合知识
大学生志愿服务西部计划	5—6 月	6—7 月各项目办组织	项目办组织
部分市属事业单位	（上半年）3 月、6 月 （下半年）10 月、12 月	3 月、6 月 10 月、12 月	综合基础知识管理基础知识

公招考试均会通过人力资源和社会保障局官网、单位官网等网站及线下通知发布招聘公告或简章，严格按照线上报名缴费、资格审查、笔试、面试、体检和考察公示等环节实施。

（一）公务员招聘

公务员招聘通过统一组织公务员考试进行。考试机构会向社会发布考试公告，包括考试科目、报考条件、招考职位和数额等，报考者在报名和资格审查通过后，参加考试。第一轮为笔试（考试科目为行政职业能力测验和申论），第一轮合格者参加面试。通过考试，在经过政治审查、体检、录取和试用环节后，即被正式录用。公务员考试一般分为国家公务员考试和地方公务员考试，通过表 2-5 可了解两者异同。

表 2-5　国家公务员考试与地方公务员考试比较表

比较内容	国家公务员考试	地方公务员考试
组织单位	中共中央组织部、人力资源和社会保障部、国家公务员局	各省（区、市）党委组织部、人力资源和社会保障厅（局）、公务员局
招录单位	属于中央考录序列，包括中央党群机关、国家行政机关直属机构和派出机构、国务院系统参公管理事业单位	属于地方考录序列，包括各省（区、市）党群机关、行政机关、行政机关直属机构和派出机构、参公管理事业单位
招考对象	符合条件的全国居民均可报考，除极个别职位外，大部分无户籍限制	部分省（区、市）有户籍限制
地域范围	面向全国举行	在本省（区、市）范围内举行考试
考试时间	一般是每年 10 月中旬报名，11 月底考试	一般在当年 3—4 月下旬举行考试
考试内容	笔试和面试，公共科目笔试包括行政职业能力测验和申论两科；专业科目笔试根据情况而定；面试形式一般采取结构化面试和无领导小组讨论	大部分省份的地方公务员笔试科目与国家公务员笔试科目相同；面试形式一般采取结构化面试和无领导小组讨论
考试题量、时长	行政职业能力测验试题，省部级为 135 道，地市级为 130 道，作答时间为 120 分钟；申论科目考试时间为 180 分钟，材料字数一般为 8000 字左右	地方公务员考试，一般行政职业能力测验题量为 120 道，申论材料字数一般为 6000 字左右
考试地点	考生可以自由选择考区	考生需在招考地区考试
命题模式	有自己的命题组，由专家统一命题	有的地区独立命题，有的地区统一命题
考试难度	难度较大，申论题目注重考查考生思辨性	难度较国考低，会加入当地情况
编制	属于国家公务员序列	属于地方公务员序列
待遇和福利	按照统一的法律、制度和薪酬体系管理，但具体工资标准根据行业类别、地域和层级有差异	

（二）事业单位公开招聘

政府人事行政部门是事业单位公开招聘工作的主管机关。政府人事行政部门与事业单位的上级主管部门负责对事业单位公开招聘进行指导、监督和管理。以重庆为例，市属事业单位可由其上级主管部门会同用人单位成立由人事、纪检监察人员、职工代表及有关专家组成的招聘工作组织，具体负责招聘工作的组织实施；区县（自治县、市）事业单位的招聘工作由区县（自治县、市）政府人事行政部门会同用人单位及其上级主管部门组织实施。不同事业单位和不同岗位的招聘安排和考试科目是有差异的。例如，《重庆市事业单位公开招聘人员实施办法》中就规定职员岗位公共科目为综合基础知识，专业科目为管理基础知识，而专业技术人员岗位公共科目为综合基础知识，专业科目测试内容为本专业（行业）的专业知识、专业技能。教师属于专业技术人员岗位，考试内容主要围绕综合基础知识或综合基础知识（教育类）。考试科目会在各事业单位公开招聘简章中详细规定。

【拓展阅读2-7】
事业单位招聘相关信息网站

（三）国有企业招聘

国有企业是国务院和地方人民政府分别代表国家履行出资人职责的国有独资企业以及国有资本控股企业，包括中央和地方国有资产监督管理机构和其他部门所监管的本级及其逐级投资形成的企业。其招聘主要包括以下流程：一是在规定时间内报名和提交材料。二是资格审查和初审，复审合格可进入综合测评。三是综合测评，包括笔试、面试和专家测评等，一般由企业组织招聘领导小组进行。四是组织考察，决定最后人选，发放录用通知书，签订劳动合同，进入岗位试用。试用期结束后，单位经过综合考察认为试用人员符合条件则录用其为正式职工。

二、校园招聘

（一）校园宣讲会

校园宣讲会是用人单位在校园招聘中针对目标高校组织的专门的招聘讲座，主要向学生介绍单位基本情况、文化理念、人才需求和招聘条件及流程等。一般情况下，在宣讲会举办前，学校会先行通知和组织。有招聘需求的企业，会在宣讲会后进行实习或就业招聘。大学生可积极参加宣讲会，提前了解用人单位的相关信息，做好就业准备。

（二）校园双选会

校园双选会一般于每年 10—12 月、次年 3—5 月在各高校举行，由高校组织邀请用人单位到校与毕业生面对面相互了解与选择，用人单位提供岗位需求，毕业生准备个人简历等应聘材料并参加用人单位笔试、面试等选拔。通常情况下，相应的双选会信息会在各高校就业网及应届生求职网上发布。

（三）校园优招

校园优招是指用人单位面向高校优秀的毕业生举行的专场招聘会。通常情况下，校园优招有针对性的岗位招聘需求，对求职者的条件要求也更高，时间也早于其他校园招聘形式。校园优招由招聘单位安排流程，多数包括面试，部分有笔试。

三、企业招聘

（一）企业内推

企业内推即通过企业内部员工推荐就业。求职者将就业材料交由应聘单位内部员工，由其将简历直接交给人事部门或业务部门负责人，或者直接通过填报内推码完成推荐。一般情况下，内推可以免除简历筛选环节，有的内推甚至可以免除笔试，被推荐人员直接进入面试。内推的优点是让人才高效、自由地流动，让招聘高效、对等、更有人情味。

（二）第三方推荐

第三方推荐即由除求职者、招聘方以外的第三方机构进行求职推荐，如由行业协会、教育培训、合作企业、求职中介、猎头公司推荐等。通常情况下，境外留学申请多选择第三方推荐的方式进行。目前，部分行业也热衷于第三方推荐的途径，如互联网企业有合作的教育公司或自己的教育部门，通过提前培训实训生，设置相应的考核机制，推荐实训生到企业就业。

四、社会网络求职

求职者社会网络的规模大小和链接强度对其是否选择非正式求职途径寻找工作，以及能否快速地找到较好的工作岗位有显著影响。在有关调查中，有近一半的大学生认为通过家庭和社会关系求职是最有效的求职途径。社会网络求职中利用强关系求职成为求职的重要渠道，强关系指的是个人的社会网络同质性较强（交往的人群从事的工作、掌握的信息都是趋同的），人与人的关系紧密，有很强的情感因素维系着人际关系，如亲密的家人、朋友。这类社会网络提供的求职渠道是主动的、极具针对性的，也是高成功率的。

而弱关系往往交往面很广，交往对象可能来自各行各业，可以提供多方面的信息。相关研究也证明在人们的社会网络关系中，弱关系更有助于人们获取丰富而有差异性的信息，如校友、强关系的附属关系者、刚认识的朋友、网友、交通工具上刚认识的邻座、因工作交集而认识的新朋友等，人们交往的人中大多都属于弱关系。这类社会网络增加了关系的广泛性，扩大了求职广度和信息的丰富度，也拓宽了求职的渠道，增加了求职成功的概率。大学生要利用弱关系，主动建立弱关系社会网络，保持与弱关系者的长期和持续性联系，形成求职的多线发展。

五、自主创业

自主创业是指劳动者主要依靠自己的资本、资源、信息、技术、经验以及其他因素自己创办企业，解决就业问题。在"双创"热潮下，国家出台了各类大学生自主创业优惠政策，如简化创业程序、减免创业费用、优化贷款政策、优惠税收政策等，大学生选择自主创业的比例也逐年增长，特别是信息类和文化、服务类产业的自主创业率较高。

模拟实训

了解就业信息收集的渠道，并根据个人情况对其进行排序。使用渠道搜集就业信息，分小组分享。

本章小结

　　本章概述了新时代的就业形势和就业理念，介绍了新形势下就业信息的种类、收集原则，推荐了就业信息收集的渠道途径，并对求职渠道进行了分析。无论是就业信息的收集，还是求职渠道的使用，都需要大学生积极行动，选择适合个人的就业信息和求职渠道为己所用，为就业服务。

课后练习

　　1. 搜集与你职业意向匹配的单位信息，建立个人求职信息库。

　　2. 利用本章所学内容和方法，进行求职前、中、后的信息管理。结合个人求职信息库，记录个人求职经历，完成过程化求职信息表。

【拓展阅读2-8】
求职信息表

第三章 ▶▶▷

简历制作与优化

核心目标

1. 了解简历的筛选规律，学会根据求职定位投递简历。

2. 熟悉简历构成的要素，掌握简历的撰写方法。

3. 掌握简历的优化技巧，提高简历投递成功率。

4. 了解行业如何利用前沿技术筛选简历，如在人工智能（AI）技术迅猛发展的背景下，如何重新审视个人简历。

5. 正确认识社会实践和职业体验对端正个体职业心态、提升个体职业能力的重要作用。

思维导图

第一节　简历的概述

简历是人们为了实现某一目标（求职／升学／评奖等）而对个人以往相关经历进行高度总结和概括，通过有限的内容向对方传达自己满足对方所需的技能、经验、资质和态度等要求。高校毕业生的简历是对其在大学期间生活、学习、社会实践、学业成绩的归纳概括。

一、求职定位

在制作或修改简历前，我们不妨问自己以下几个问题，以明确求职定位。

（一）我希望寻找什么样的工作

第一，我们需要对自己的工作预期有初步的了解，具体包括自己的性格特点、兴趣爱好、期望的薪酬，以及偏好的工作地点、公司规模、工作环境等。第二，要考虑工作强度，如能否接受加班、能否承受比较高的压力、能否接受高频率的出差等；有无中长期规划，如是否要兼顾家庭、近期是否有继续读书的打算等。对以上偏好进行归类，明确哪些是可以协调和改变的，哪些是毫无妥协余地的，这些无法妥协的方面将会成为我们选择工作类型时的重要考量因素。

（二）满足以上条件的工作岗位有哪些

我们可以通过与行业内部的人进行交流、去网上查询感兴趣的岗位并了解具体的工作内容等方式，寻找自己喜欢的工作岗位，并且列出具有代表性的单位和岗位。例如，从工作强度来看，互联网运营、游戏策划、投资银行、咨询公司等均属于高强度、高成长型的岗位，财务、人事、行政、运营管理、科研等则工作强度较低。从工作方式来看，如果自己有很强的自学能力和很多的想法，喜欢主导事务，那么选择去中小企业可能更容易崭露头角；如果希望有系统化的学习机会，有人给予指导和引领，还要有完善的组织管理和组织文化，则更适合在大企业中逐步实现职业成长。

（三）我是否适合这个工作

在找工作的时候，许多大学生都是想当然地从自己的兴趣爱好入手，认为能满足自己兴趣的才是好工作。也有大学生纠结于工作是否与自己的专业对口，认为自己离开了专业背景就没有了求职的优势。此外，在校大学生常常困扰于没有工作经验、缺少实践经历，在正式开始求职时，不知道自己的优势是什么，不知道自己适合做什么，不知道自己现在掌握的知识与技能是否满足工作岗位要求。

到底什么样的工作适合自己？我们需要在网上查找相关岗位的工作内容和任职要求，

多参考一些行业内基础岗位的招聘要求，因为这些岗位对应聘人员的从业资格、行业资历的限制较少。排除那些虽然自己感兴趣或者专业对口，但是自身条件无法满足的目标岗位。我们要正视自己的学历和专业，因为这是我们获得工作机会的重要支撑；要正视自己资历、经验和能力上的不足，也要理解相关岗位的胜任力要求，有的放矢地在简历上突出自身的优势；要多同亲戚、朋友沟通交流，利用社会资源获得更多的职场和岗位信息。

判断自己是否适合某一行业、某一工作岗位的过程，不是一蹴而就的，而是动态变化的。随着自己学识、职场阅历、工作经验等的提升，个人对自我的认知和对职业的定位会越来越清晰，而这个不断清晰的过程也是简历完善的过程。所以，每一个人都应尽早开始准备简历，而不是明天要找工作了，今天才开始临阵磨枪。一份优秀的简历不仅是自我营销的工具，能够帮助求职者争取到面试机会，而且是对自我职业发展的梳理，可以帮助求职者发现自身存在的不足，从而逐步提升和完善自己。

二、简历的筛选

在新兴技术渗透到招聘领域的当下，大企业的简历筛选逻辑已发生根本性变革。以某些头部企业为例，其核心岗位秋招期间单日接收简历量级突破 5000 份，传统人力资源管理人员 30 秒 / 份的审阅模式被 AI 系统彻底颠覆——基于自然语言处理的 ATS(求职者追踪系统) 可在 0.8 秒内完成简历解析，效率提升超 200 倍。这种技术重构倒逼求职策略升级，候选人需在简历中分析岗位要求，在数据规范与人性表达之间找到动态平衡点。当然，除了利用最新技术进行简历筛选外，还有很多企业仍旧信任传统的专职人员进行简历筛选。要想让自己的简历在这么短的时间内脱颖而出，必须充分了解当下用人单位对简历的阅读习惯和筛选规律。

人力资源部是企业对外招聘的窗口，负责将各部门的用人需求汇总，再发布到各大信息平台上。收到简历后，人力资源管理人员只对候选人进行初步筛选，然后将符合条件的那部分简历发送到用人部门。与用人部门相比，人力资源管理人员并不需要完全了解业务细节，他们初筛的标准通常有两点：一是从企业发展角度出发，看求职者的素质和能力是否和企业的发展步调一致；二是站在岗位和职业发展角度，看候选人的关键性的经验和能力是否与岗位胜任力相匹配。所以，很多时候他们只会看一些重点信息。因此，让人力资源管理人员在最短的时间内获取他们最希望看到的信息就是简历胜出的关键。对此，我们需要了解以下两点。

(1) 当简历通过人力筛选时，应符合日常阅读习惯 (视线重点停留区域)。在人力资源管理领域，招聘人员如何审视求职者的简历？通常，人们的阅读习惯遵循自上而下的顺序，因此页面的顶部区域最能吸引注意力。简历的布局亦遵循此原则，其中页面上部三分之一区域被视为核心区域，也称"黄金区域"。简历的最上方通常呈现的是求职者的个人基本信息，这部分内容只有在招聘人员对求职者产生兴趣并考虑进一步沟通时才会被详细审阅。在初步筛选阶段，招聘人员的视线往往会直接跳过这一部分。与职位相关性最高、最能体现求职者竞争力和岗位匹配度的信息，是招聘人员最希望优先关注的焦点。因此，这些信息应当被突出展示，以确保求职者能够顺利进入下一轮选拔。

(2) 哪些关键信息能够体现求职者是否拥有岗位所需的足够能力？招聘人员最期望了解哪些关键信息？在审阅简历时，他们会迅速地从上至下"浏览"，寻找那些与职位要求紧密相关的信息。下面以校园招聘为例。

① 专业／学历。校园招聘岗位对专业或学历有明确要求，那么相关教育背景信息就应该放在核心位置。

② 工作经验／实习经验。如果招聘岗位对经验要求比较高，就应该把相关的工作经验、实习经验等放在核心位置。建议将与应聘岗位最相关的一段工作经历放在最上面。

③ 技能资格证书。如果招聘岗位对求职者的技能认证有硬性要求，就把这部分内容放到最前面。例如，程序开发类岗位往往需要掌握多种计算机语言、框架、数据库和相关技术，这就要求求职者在简历顶端对自己的技能进行高度概括。

不少求职者喜欢将自我评价放在简历的第一部分。如果你的经历相对分散且难以突出优势，如跨行业求职或者缺少相关岗位工作经验，通过个人总结可以高度提炼你的优势，以提升自身和目标岗位的契合度，那么将其放在这个黄金位置是合适的。否则，第一部分放自我评价是不合适的。

三、简历与求职信和履历的区别与联系

（一）简历与求职信的区别与联系

求职信属于自荐信的一种，英文名称为 cover letter。在传统纸质媒体时代，求职信通常随简历一同投递给雇主方。到了互联网时代，很多外资企业和高校仍旧沿袭该传统，将求职信视为求职的必需文件，要求求职者在邮件的附件中同时附上个人的求职信和简历。但在应聘国内的企业如国企和民营企业时，求职信已经演变成邮件的正文部分，无须作为单独的文件放置在求职邮件的附件中。

求职信与简历既相互关联又大有不同。从关联上来看，二者都是对一个人过往经历和知识技能的简要描述，通过其中任意一个文件都可以初步了解一个人。但对于求职者而言，求职信的重要程度和简历的竞争力负相关，即简历越缺乏竞争力，就越要在求职信上下功夫去说服雇主。二者的区别主要有以下两点。

(1) 简历更加客观，求职信可融入个人情感。在简历中，你要客观地告诉别人"我是谁""我有哪些特点"；在求职信中，你可表达自己的主观意愿和感情色彩，如为什么希望加入这家公司。

(2) 简历较求职信更加全面，求职信则更有针对性。简历一般是对自己的履历进行全面梳理，并把相关内容放在对应模块中；求职信则直接针对自己与岗位相匹配的核心能力进行详细描述和重点展示，针对的是某个单位的某个岗位，不求全而求精。

（二）简历与履历的区别与联系

履历的英文名称是 curriculum vitae(CV)，意为"生命的历程"。履历是对求职者迄今为止所有经历和成就的详细记录。而"简历"一词来自法文 Resumé，意为"总结性的叙

述"。它是求职者对与求职相关的资质如教育、经历和技能的简要概述。从词源和定义中不难看出，简历仅是对履历选择性的节选。履历和简历的作用是相似的：它们都是通过对个人教育、经历以及技能的介绍，表明求职者具备与所聘岗位相应的技能、资质的有营销功能的一般文书。履历和简历都包含求职者姓名、联系方式、教育背景、工作经历、特长技能、荣誉获奖等信息，二者有不少内容是重合的。也正因如此，很多人误认为履历和简历仅是名称不同而已。

二者的区别主要有以下两点。

(1) 履历需要详细地罗列出求职者与学术或科研相关的科研经历、教学经历、论文专著、学术演讲、奖学金、基金资助、学术任职等信息。简历需要求职者对所参与过的项目或从事过的领域进行详细的描述。简历当中可以罗列专利，这与简历在工业领域的广泛应用不无关系。

从上述内容中不难发现：履历是求职者所有成就的记录，因此通常比简历的篇幅长，从几页到几十页不等。随着个人经历的丰富，履历自然会越来越长。而一份简历通常为1~2页。因此，简历中与所聘岗位的相关性是求职者筛选信息的首要考虑因素。求职者需要针对不同的岗位准备不同的简历，而履历在这方面所作的调整相对来说是微小的。

(2) 履历和简历的功能相似，但前者具有完整性和学术性的特点，而后者具有简洁性和功能性的特点。求职者应该充分认识到这两种营销文书的区别，从而在职场中做到恰当使用。履历有时候也被称作"学术简历"，主要适用于学术领域的应征工作，如在大学中申请教育、科研和行政职位，或者申请奖学金，或是应聘政府或行业内的研究机构中的职位。此外，履历在医学、法律领域也有应用。而简历几乎可以用在学术领域外的其他任何领域中，工商行业尤其青睐简历。因此，一般来说，应征大学或政府和行业中与学术相关的职位时宜用履历，其余应聘场合使用简历即可，除非招聘启事中专门注明求职者需要提供履历。此外，一些个人信息尽量避免出现在履历中，如兴趣爱好。因为这些信息既和应聘职位不相关，又会使履历看起来不够专业。其他信息，如出生日期、婚姻状况、收入要求等也应该避免出现。

第二节　简历的内容

简历是所有招聘活动的必备材料。对求职者来说，简历是求职的"敲门砖"。对用人单位来说，简历是筛选岗位候选人的重要材料。文字简练、重点突出，是一份简历最基本的要求，而含糊、冗长、花哨则是简历的大忌。

一、简历的要素

一份简历的基本构成要素有基本信息、求职意向、教育背景、工作经历、获奖成果、自我评价。

【拓展阅读3-1】
简历写作的本质

（一）基本信息

基本信息包括姓名、电话、邮箱。基本信息能让人力资源管理人员知道"你是谁"，如果需要通知你来面试怎么联系你。

其他的基本信息如身高、体重、性别、籍贯、政治面貌等，如果招聘单位没有特别要求或者你不确定是否为加分项，可以不用写。如果应聘事业单位、公务员、国有企业等，可以写上政治面貌。如果要放照片，最好放证件照。

（二）求职意向

求职意向是简历的核心部分。不同的职位对于应聘人员的要求是不一样的。人力资源管理人员在筛选简历的时候会根据你的求职意向判断你是否符合该职位的具体要求。如果你的求职意向不明确，人力资源管理人员只有在时间充裕或者心情愉悦时会看一下你的简历，猜测你应聘的职位或者你适合哪个职位，但是实际上这种可能性几乎为零。

所以在简历的开始就一定要写明求职意向，且尽可能具体、明晰。求职意向不能空泛或太多太杂，不要一次列举多个意向部门／职位，那样只会给人力资源管理人员留下你不专业的印象。

当然，如果你要投不同公司的不同部门／职位，你可能每次都需要修改这部分的内容。如果不想这么麻烦，建议的方法是，除了在简历中填写该信息外，还可以直接在简历的文件名上标注自己的求职意向，这样便于人力资源管理人员进行简历分类。求职意向撰写实例如下：

求职意向撰写实例

【实例 1】
求职意向：行政、助理类职位，具备良好的人际沟通技巧，做事耐心细致。

【实例 2】
求职意向：人工智能算法优化工程师，熟练掌握 Python/C++ 等编程语言，精通深度学习框架 (TensorFlow/PyTorch)。

（三）教育背景

教育背景采取时间倒叙的形式。教育背景信息只需要大学及之后阶段的。除非你的高中是全国非常厉害的名校，不然高中的教育信息请不要包含在简历之中。

教育背景除了就读学校、学位、专业之外，其他与应聘职位相关的培训经历等也可以列出，以增加你被录用的概率。如果成绩非常优秀，你可以写学习成绩、奖学金等来凸显自己的能力，记得用数据（如排名、占比）强调，便于人力资源管理人员判断成绩获得的难度，从而判定你的能力。教育背景撰写实例如下：

教育背景撰写实例

【实例1】

2024-09 至 2026-06	重庆师范大学	经济学专业	本科
2021-09 至 2024-06	重庆商务职业学院	会计专业	专科

【实例2】

2019-09 至 2021-06	学科教育（语文）	硕士	重庆师范大学
其间作为顶岗教师在重庆市大学城第三中学全职任教			
2015-09 至 2019-06	汉语言文学	本科	重庆师范大学

【实例3】

2020-09 至 2024-07　　　　重庆师范大学　　　　大数据　　　　本科
平均学分绩点：4.22 专业课程主干平均分：96.4/100　　　　专业成绩排名：2/117

（四）工作经历

工作经历是最能体现你能力的部分。人力资源管理人员会从你做过哪些事情、承担过哪些角色、取得过哪些成果等方面来判断你是否具备相应职位要求的能力并判断你的潜力。

对于没有工作经验的毕业生来讲，这部分可以写实习/兼职经历、校内外实践活动(学生干部、学生社团活动及各种竞赛经历)、项目/科研经历(包括学术、科研项目与创业经历)等。

阐述自己的工作经历时需要包含的必要元素有工作单位与部门、工作性质、职位、工作内容、工作成果以及工作起止时间。工作经历的描述要重点突出角色(职位)、工作职责和工作成果三个部分。在撰写过程中，如果校外工作经验较少，则应强调校内实践或社团活动等。撰写这一模块内容需要注意以下几点：

(1) 工作经历中有岗位关键词。人力资源管理人员在筛选简历的过程中通常会用岗位关键词判断求职者与岗位的匹配度，如果我们的简历中包含这些岗位关键词，必然会引起人力资源管理人员的关注。举个例子，假如求职者做过新媒体运营，主要是负责微信公众号运营。现在有一个电商运营的岗位比较合适，那么可以提取电商运营岗位描述的关键词，把它写在工作经历上，如内容规划、内容审核、沟通、互联网热点及潮流等关键词，都可以写在新媒体运营工作经历上。

(2) 语言简洁、逻辑清晰。要想人力资源管理人员能一眼提取到有效信息、看到重点，就要做到语言简洁、逻辑清晰，能用一句话说清楚的就绝不要用大段文字描述。一般来讲，每段工作经历的描述不要超过3点，每点用1~2行进行描述即可。如果工作经历篇幅太长，则需检查语言是否足够简练、明确，是否有一些重复性、不相关或者短期的工作内容；把含金量最高、最能体现工作能力的留下，不太重要的压缩或者删掉。

(3) 注重使用数据，采取量化的形式直观具体地呈现效果和结果。

工作经历撰写实例如下：

工作经历撰写实例

【实例1】

2022-09 至 2023-06 　　　　×× 大学 ×× 学院外联部 　　　　副部长

(1) 通过多次电话与面谈，两周内为学院迎新文艺演出拉到 5000 元和音响设备赞助，此为外联部两年内拉到最大额的现金赞助。

(2) 联系并承办"DeepSeek 与你面对面"AI 技术交流会，在 4 天内完成方案编制，当天参与交流会人数超过 200，降低成本近 40%。

【实例2】

2022 年 12 月至今 　　　　×× 社团 　　　　社长

(1) 管理并支持社团的整体运转，协助完善社团章程与制度。

(2) 负责策划社团 ×× 活动，获得活动赞助 × 元。

(3) 组织了 ×× 活动，活动开展 ×××，参加人数共计 ××。

(4) 任职期间社团招新共 ×× 人，社团被评为"五星社团"。

(5) 任职期间，团队合作能力、组织能力和领导能力获得了提高。

【实例3】

2022-07 至 2023-06 　　　　×× 大学校团委新媒体中心 　　　　新媒体运营岗负责人

(1) 参与微信视频号选题会，运营学校官方视频号、官方抖音账号、微信公众号，所写文章阅读量为 2018 人次。

(2) 负责策划"健康夜跑"视频拍摄活动，使官方抖音、视频号等全平台关注用户新增约 700 个，累计点赞超过 8000 人次，转发超 4000 余次。

（五）获奖成果

真实且有含金量的奖励将会帮助用人单位了解和判断你在哪些方面能力突出。在简历中描写荣誉和各种证书时应特别注意强调奖励的级别及特殊性。因为人力资源管理人员对于简历上列出的这样或那样的奖励都已经司空见惯了，所以仅仅列出奖励名称是没有意义的，最好能够将所获奖励的难度以数字或者获奖范围表示出来，让人力资源管理人员明白所获奖励的含金量，从而增加简历通过筛选的概率。获奖成果撰写实例如下：

获奖成果撰写实例

【实例1】

国家级：

首届全国大学生职业规划大赛高教组成长赛道银奖（全国 80 强）

省部级：

×× 省师范生技能大赛地理科学学科二等奖（全省前 30 强）

市级：

××市市长奖学金（全市仅10人）

××市高等院校优秀学生（全校1%）

校级：

××大学校级一等奖学金（前2%）

××大学"优秀学生助理"称号

【实例2】

学术类：校一等奖学金（前5%）2次

工作类：××大学优秀团干部、优秀团员、优秀学生干部

文体类：多次在运动会长跑比赛和歌唱比赛中获奖

（六）自我评价

自我评价是简历中非必需的内容。但如果企业明确要求填写自我评价，该怎么来写呢？

建议结合应聘职位的特点进行自我评价，这也是对自身兴趣、能力和优势的总结。每一个总结最好能够在简历的其他模块中找到依据而不是凭空堆砌一些形容词。例如，应聘销售就要强调自己的沟通能力、抗压能力，应聘行政就要强调自己的细心谨慎、责任心强，分别用一句高度概括性的话对各项素质（沟通能力、细心谨慎等）做例证。

自我评价撰写实例如下：

自我评价撰写实例

责任心强：在同时做家教和公司实习工作期间，能以高度负责的态度，高效完成任务。

细心谨慎：实习期间，2天之内手工录入近600个重要客户资料，无一错误。

二、简历的亮点

在求职简历中，你应该从自己与职位的匹配性入手，选取那些更加有利于展示你与应聘职位匹配的经历来充实整个简历。人力资源管理人员会依据职位的胜任力素质模型（competency model）来挑选人选。比如，销售经理要有执行力和社交技能，产品经理要有概括思维能力和协调能力，客服要有沟通理解的能力。对于那些不能突出与目标职位匹配度的内容需要进行删减。申请学术职位的，简历中不要写太多社会实践的经历，否则会让人力资源管理人员觉得你没有踏实做学术的心。申请行政管理职位的，简历中不要写太多文艺活动的经历，否则会让人力资源管理人员觉得你可能过于外向而不够沉稳，难以安心于事务工作。

（一）运用 STAR 法则描述经历

1. STAR 法则的含义

STAR 是 situation（情境）、task（任务）、action（行动）、result（结果）四个单词的缩写，具体含义如下。

(1) S：事情是在什么情况下发生的。

(2) T：你是如何明确你的任务及其目标的。

(3) A：针对目标任务，你采用了什么具体行动。

(4) R：结果怎样，在这样的情况下你学习到了什么。

简而言之，STAR 法则就是一种讲述自己故事的方式，一个清晰、有条理的模板。合理、熟练地运用此法则，可以轻松地表现出自己分析阐述问题的清晰性、条理性和逻辑性。

学习使用 STAR 法则来描述过去的成就经历，最重要的目的就是抓住这些经历中的闪光点，学会分析在这些经历中所获得的经验及技能，这样不仅有助于我们在写简历时准确突出这些闪光点以吸引人力资源管理人员眼球，更有助于我们思考未来的职业规划。同时，使用 STAR 法则进行分析，可以帮助回忆以及厘清思路。

下面是成就经历简述的示例：

某同学的成就经历简述

大二期间担任学校读书社团会长，读书社团被评为学校优秀社团。

情境：

我刚任会长时，读书社团成立不到半年，会员 23 人；通过无记名投票竞选，凭借担任干事期间所表现的热情及工作能力，我被选为会长。

任务：

扩大读书社团在校园的影响力，吸引更多同学加入读书社团，使读书社团成为学校优秀社团。

行动：

(1) 担任会长期间，带领 5 名干事策划、组织了 8 场系列读书讲座，参与的听众累计达到 2000 人次。

(2) 策划、组织 5 次向贫困山区小学捐赠图书的公益活动。

(3) 与 5 名干事一起轮班管理阅览室约 580 本图书，整理图书租借记录。

结果：

(1) 读书社团会员人数增长到 300 人，增长 12 倍，被评为学校优秀社团。

---

(2) 通过电话以及面谈的方式，成功举办 5 次公益捐书活动，找到 5 家不同的赞助企业，分别是 ×× 公司，×× 公司……，同时活动也得到了社会广泛的好评，先后得到了央广网等多家媒体的报道。

(3) 管理的阅览室约 580 本图书无丢失记录，获得了同学、老师的好评。

2. STAR 法则的具体运用

运用 STAR 法则，我们可以采用"关键动词 + 关键名词 + 方法行动 + 成果效果"的模式撰写工作实践经历，从而使得工作实践经历撰写更加具有针对性和凝练性。

(1) 关键动词 + 关键名称，描述做过哪些事情。

① 可以帮助你清晰描述自己的经历。

② 可以运用用人单位内部语言，让你和人力资源管理人员同频。

③ 人力资源管理人员除了"扫描"学校、专业、必备技能的硬性指标之外，最注重的就是描述能力的关键词。

(2) 关键动词多样化。在撰写简历的时候避免重复使用关键动词，以免给人留下啰唆的印象。常用的关键动词有以下几类。

① 沟通类：演讲、建议、合作、指挥、论证、采访等。

② 解决问题类：分析、安排、建立、计划、提炼、检查、修改等。

③ 成就类：完成、达到、获得、提升、提供、转化等。

(3) 采取量化的形式直观呈现成果和效果。可以用数字来凸显成果和效果。数字比"效率高""非常满意"等词语的可信度和说服力高，更有利于人力资源管理人员判断你的能力。比如 ×× 奖学金 (全校仅 10 人获得)，会让人力资源管理人员了解获得奖项的人数限制和含金量，从而更加准确地把握你的能力。

(二) 职业胜任力的正确表达

在撰写简历的过程中，我们需要明确每个职位对人的要求是不一样的。

不了解职位对人的具体需求，就相当于你无法摸清和看清招聘单位的具体需求，如此怎能写出具有针对性的简历？实践经历以及技能素质是用人单位最看重的部分，也是简历的核心内容。如何使自己展示的素质和实践活动与目标职位需求相匹配？分析职位信息是重要的技巧。

工作说明书是人力资源管理人员招聘的"词典"，在招聘过程中作为重要的参考。招聘单位在编写工作说明书的时候，有一套通用的标准词汇和术语。作为求职者，可以通过研究工作说明书的文风和内容，在简历撰写中套用"内部语言"，从而使得招聘单位觉得你是"自己人"。首先需要找到工作说明书中的关键词。对工作内容的描述一般会采用"关键动词 + 关键名词"的形式。因此你在撰写简历的过程中也要使用"关键动词 + 关键名词"的形式，通过 STAR 法则来描述你的经历，并尽可能地使用工作说明书当中的关键动词和关键名词。在简历筛选过程中除重点筛选学校、专业等硬性条件外，简历中的这些关键词也是重点之一，将会提高简历初选的通过率。

通过工作说明书中的关键词，可以对目标职位应具备的能力有所概括和推测。在撰写简历的过程中，可以具体根据求职意向总结职位要求，了解简历筛选的重点，并在前期有针对性地进行准备。

胜任力是一个复杂的系统，不同的职位对于胜任力素质的要求也是不一样的。简历撰写要针对目标职位的胜任力，了解目标职位的具体需求，从而有针对性地提升自身的胜任力素质。职位胜任力对于撰写简历中工作经历部分具有重要的作用。以下面一则招聘信息为例。

×× 建筑集团有限公司招聘信息

职位名称：

采购助理 –Category Purchasing Assistant

职位描述：

(1) 收集并管理产品相应的信息和供应商所有信息，将之分类归档。

(2) 协助采购经理制订商业计划并开发产品及供应商。

(3) 协助采购经理贯彻公司采购政策和程序，对重要业务活动进行协调和跟踪。

(4) 与采购经理一起参加调研并完成分析报告。

职位需求：

(1) 本科以上学历，采购相关专业的应届毕业生。

(2) 对自己未来的职业规划清晰且目标明确。

(3) 英语六级及以上，具备良好的英文听、说、读、写能力 (必备)。

(4) 熟练操作办公软件，灵活使用计算机及相关软件，如 Word、Excel、Powerpoint。

(5) 逻辑性较强，性格开朗、细心，抗压能力比较强。

薪资待遇 & 晋升机制：

(1) 基本工资 ×13+ 季度奖金 + 饭补 + 五险一金 + 商业补充医疗 +24 小时意外伤害险 +13 天带薪年假。

(2) 采购助理→采购经理→高级采购经理→采购总监。

在这则招聘信息中，职位描述明确地写清了入职后的工作内容，而职位需求则明确地界定了公司要寻找的员工标准。其中画横线部分为硬性标准和软性期待，尤其是"逻辑性较强，性格开朗、细心，抗压能力比较强"这些软性期待，虽然很难用证书来考量，却是公司最为看重的品质。在撰写简历时，应聚焦这些用人单位最看重的基本条件和品质来展现自己，充分利用工作说明书和胜任力素质来表明自己与职位的匹配度。

（三）根据简历预测面试提问

简历筛选是招聘面试的前端工作，也是非常重要的一环，一般来说通过简历筛选后就进入面试环节。在面试过程中，很多面试官喜欢基于简历上的内容进行提问。所以在面试之前要根据自己的简历预测自己可能被问到的问题。

1. 面试官的提问思路

(1) 对简历上的信息进行补充。第一，目的补充。比如，请问你为什么离职？请问你为什么要学习这个专业？第二，过程补充。比如，你是怎样被评上"三好学生"的？你的英语通过了六级，请问你是怎么学习英语的？第三，结果补充。比如，这个活动对你产生了什么影响？

(2) 质疑你简历中的信息。比如，你说自己在200人中被选中，请问你认为自己凭什么可以被选中呢？

(3) 把简历中的信息与工作相结合。比如，你愿意在外地工作吗？你愿意长期出差吗？

2. 面试官经常提的问题

(1) 个人信息方面问题。

① 你没想过回老家找工作吗？父母应该在老家吧？

② 你是党员，请问你为什么要入党？

③ 我们单位会经常出差，你怎么看这个问题？

(2) 求职意向方面问题。

① 你为什么对这个职位感兴趣？

② 请说说这个职位的具体工作职责。

③ 你为什么觉得自己适合这个职位？

④ 请问你对这个职位的五年规划是什么？

(3) 教育背景方面问题。

① 你为什么选择这个专业？

② 在大学期间，你最喜欢什么课程，最不喜欢什么课程？

③ 和其他同学比较，你的成绩怎么样？

④ 你为什么不考研？

(4) 实践经历方面问题。

① 说说你在校期间组织得最成功的一次活动。

② 请对你在校期间的实习或者兼职的单位做一个简要介绍。

③ 你参与了这个项目，说说你主要负责的工作和取得的成绩。

④ 你最大的优势和缺点是什么？

第三节　简历的优化技巧

有时候我们投递了很多的简历，却如石沉大海没有任何回音。这个时候很多人就会产生焦虑情绪，会重新评估自己的能力，甚至影响求职的信心。出现这种情况，我们需要尽快调整自己，看看是不是自己的简历出了问题。

一些糟糕的简历往往会有这样一些特点：有一张写着"个人简历"4个大字的华丽封皮；简历中有一半以上的内容不是针对应聘职位写的；简历全文超过一页半 A4 纸；简历字号太小，行间距太小，内容太密。要知道在繁忙的招聘季，人力资源管理人员可能只有 30 秒来看一份简历，在这 30 秒内，他们没耐心阅读长篇大论，如果 10 秒内还没看出求职者要应聘的是哪个职位或求职者应具备的胜任力，那么这些简历就会被忽略或者丢弃一旁。

【拓展阅读3-2】
比较两份简历

一、简历撰写的原则

简历是否优秀的评价标准是求职者能否利用简历得到面试机会。求职者在撰写简历时应遵循相应的原则，这样可以极大地提升简历的投递成功率。这些原则都是全局性的，也就是说需要应用在简历的各个模块中。求职者在简历初步撰写完成后，不妨遵循以下几条原则对简历进行优化。

（一）目标相关性原则

目标相关性原则是简历撰写中最重要的一个原则。对于工作经验较多的求职者，找到目标职位与工作经验的相关性更重要，无关的工作经验不仅不会成为求职者的优势，反而有可能成为应聘的障碍。对招聘者而言，只有与招聘职位高度相关的经验才是真正有效的经验。

在大学实习期间或者刚毕业的 1~3 年内，你可以去体验希望尝试的行业和职位，找到与自己兴趣及能力匹配的舞台，但之后务必把方向定下来，在某一个领域深耕，直到成为该领域的专业性人才。频繁地变动行业和职位会对自身的职业生涯造成不良影响。

相关性可以分为招聘职位的相关性和内容排序的相关性。

1. 招聘职位的相关性

很多求职者往往看到某个职位与自己目标大致匹配，就先把简历投递过去，等收到面试通知了再去看公司的业务情况和详细招聘信息。这是一种看似高效但不一定是有效的求职方式。在求职的时候可以多投些简历以提升面试受邀的概率，但对于特别心仪的职位，最好对简历做完针对性的优化后再投递。

人力资源管理人员面对业务部门的大量招聘需求，作为业务外行，要完成任务就要快速提取出求职者简历中的关键信息，判断其与职位的契合度，所以人力资源管理人员在简历筛选过程中一般是快速地对关键词进行提取。例如，招聘新媒体运营人员，最关注的是阅读量、增长率、微信、抖音等相关词汇；招聘证券分析师，可能更关注的是投资收益、万得 (Wind)、报告撰写等相关词汇。如果简历中包含这些职位的关键词，必然会引起人力资源管理人员关注，求职者将有非常大的概率进入面试环节，而招聘公告就是我们获取这些关键信息的主要渠道。如果招聘公告中没有详细的职位职责及职位要求，我们可以通过查找其他公司类似职位的招聘信息来进行分析。

2. 内容排序的相关性

一般而言，简历中各个模块的位置是按照一定逻辑设置的，但是如果逻辑与相关性冲突，则相关性的优先级更高。随着求职者实习、工作阅历的增加，简历的内容会越来越多，结构会越来越臃肿，这个时候必然需要进行删减，将与所应聘职位无关的经历删除掉，只保留与应聘职位最相关的工作经历、培训经历等。同时，对剩余的经历进行综合排序，将相关性强、能够展现个人成绩的经历放在前面，占据简历的黄金位置，将相关性弱的经历放置在后面，甚至可以只用一行标题来代替，这样面试官如果恰好感兴趣则可以针对这个细节进行提问。

（二）结果导向性原则

结果导向性不仅是撰写简历的一大原则，在日常的职场工作中也极为重要。在职场中，当你的上级询问你为什么设置的目标没有实现时，他最不希望听到的回答是"我已经做了A、做了B，但是依然没有效果，这种情况下，我也没办法"。这是一种不负责任、敷衍了事的回答，领导其实并不关心你做过什么，只在意你实现了什么，做了什么是你在工作过程中必然会经历的事情，而做成什么样子才是你能力的体现。职场升级的速度取决于你面对工作困境时的思考力和解决问题的能力。因此要在简历中以结果为导向去陈述过往经历。

那么，如何在简历中通过结果导向式的表达来凸显个人的能力呢？这里有两个技巧：数字化表达和善用行为动词。

1. 数字化表达

写简历时，我们一定要善于挖掘自己所有经历中能够用数字说话的部分，数字化表达更加准确、更有冲击力和说服力。数额、效率、数量，这些都是比较容易数字化的点。教育经历中的成绩、排名，工作经历中的个人成就、晋升速度，学校活动中所获得的成果和奖项，这些都可以采用数字化表达。

2. 善用行为动词

在描述过往经历的时候，简历中的行为动词能够起到至关重要的作用，这类词汇能够直接、简洁地体现出个人的能力及其在团队中的作用。采用行为动词开头的短句，结合数字化表达方式，可以将以往经历精准有力地描述出来。但是需要注意，我们在选择行为动词时，一定要与自己在活动中担任的角色一致。比如，在某次实践中承担的是活动助理的任务，就不要使用"领导""负责"，而应使用"协调""辅助"等与角色相应的动词。

（三）客观性原则

简历是求职者对自己过往经历的综述，在用词上可以进行适当的修饰，但前提是这段经历是真实发生的，如果无中生有或过度夸大，就会涉嫌简历造假。诚信问题是大多数企业的底线，优秀企业的人力资源管理人员往往经历过无数次的招聘，在这方面具有足够丰富的经验，因此千万不要有蒙混过关的想法。即便靠造假通过了简历筛选，在接下来的几轮面试环节，人力资源管理人员深挖几个细节问题就会了解到你的真实经历。而且编造和过分夸大过往经历，会让你在面试时缺乏自信，回答提问时前后矛盾、漏洞百出，这种情况就是浪费双方的时间。个人实践经历作为简历的核心，具体可以遵循"有数据、有结果、有逻辑"的客观性原则来撰写。有数据就是尽可能通过一些数字去量化你完成的任务或达成的目标，让经历显得更加客观；有结果就是增加工作结果的反馈；有逻辑就是要遵从"背景—内容—结果"的逻辑展开。

二、优秀简历的特征

（一）简洁性

一般来说，简历控制在一页 A4 纸最好。有同学会说："我的经历太多了，而且随着后续经历的持续增加，别说一页了，三四页都放不下。"但是，这么多经历中，与应聘职位相关的有多少呢？能表现你核心竞争力的有多少呢？是不是有很多经历属性雷同？从人力资源管理人员的角度思考，一份三四页的简历，意味着要花费更多的时间去阅读，而且增加了筛选关键信息的难度。简历过长就是求职者不会换位思考的表现。简历的简洁性体现在排版简洁、文字简洁和内容简洁三个方面。

1. 排版简洁

很多求职者在撰写简历时，习惯去网上下载一些花里胡哨的模板，配上自己喜欢的颜色，再配点好看的图标，然后将个人信息在简历上下左右的各个位置随意放置。他们以为简历要突出个性，这种独特的风格能够让自己的简历脱颖而出。

事实上，如果简历上各个模块的布局相同，人力资源管理人员就可以根据思维惯性迅速在各个模块常见的位置找到想要的信息，而不会遗漏重要的信息；相反，如果简历模块相对另类，人力资源管理人员就会耗费更多的时间去寻找相关信息，甚至有可能将关键信息遗漏掉，而且那些花哨的颜色、图标还会分散人力资源管理人员对核心内容的关注度。请记住，简历上最引人注目的应该是你想重点突出的经历内容，而不是花哨的色彩和另类的设计。因此，简历的背景可以统一设置为白色，校徽、校训以及其他多余的图标都不需要，更不要画蛇添足增加一个自认为很有设计感的简历封面。

每个模块的标题是人力资源管理人员寻找模块信息时率先看的地方，可以用下画线或浅底色等进行强调。同时，各模块标题保持垂直方向上的左对齐，整个版面的行间距、段间距、页边距等都保持一致。最好使用简历工具对整体的排版格式进行调整，避免因为局部调整发生格式错乱而影响整体的美观和简洁。

2. 文字简洁

制作简历时切忌将所有经历用一大段的文字来描述，因为语句越长，信息越不容易提炼。正确的做法是将一段经历按照工作内容、职责、成绩等进行分类，再使用段落符分行填写，用简明扼要的短句，将自身的核心能力、核心价值、核心成就用数据和关键词的形式表述清楚。

3. 内容简洁

根据申请职位不同，简历中的各个模块需要进行一定的移动、增加或删减。建议先做一份大而全的简历作为原始素材，之后根据不同职位的要求在这份简历的基础上进行修改。根据求职目标做减法，将不相关的信息删除或者是替换成相关的信息，紧密结合职位需求写出匹配度高的简历，再将内容压缩到一页 A4 纸。薄弱的经历不写或者少些，以保证把最有效的经历凸显出来。

（二）可读性

一份好的简历在排版上也要美观优雅，便于阅读。字体、字号、换行、段落都要注意。建议不要直接用招聘网站的模板，因为某些模板中的结构、插件可能不适合你投递的职位。在简历正文中，每个模块每行的标题都应当保持对齐，这样整体视觉上会更显美观，很多企业的人力资源管理人员对格式非常挑剔，会着重看简历上的各种细节；内容上建议用段落符分段排布，简明扼要地说明经历关键点，整体居左对齐。适当的留白是非常必要的，要给简历留有适当的页边距，同时基本信息部分也不建议排得太满。如果整页都是密密麻麻的文字，会让阅读者产生窒息感，影响人力资源管理人员对简历的第一印象。

简历的字体建议不超过三种，最好是全篇通用一种字体，过多的字体会让简历显得杂乱。最好不要用个性化的连体字、英文的圆体字等，这些字体往往适用于艺术类的海报设计，如果整份简历都用艺术字体会让阅读者眼花。当然，应聘设计类职位的除外。同时，选择字体时还需要考虑到计算机自带字体的兼容性，因此建议选用常规的字体。

标题要有层级感，各个模块标题字号的大小取决于正文字号的大小，一般模块标题需要比正文大 1~2 个字号，最小不能小于 12 号字，再小看起来会非常吃力。对于英文简历而言，模块标题的所有字母建议全部大写，如 EDUCATION、PROJECTS 等。不管是中文简历还是英文简历，每个模块的标题文字都要加粗，以示强调。除此之外，模块的标题可利用框线或者形状，与正文部分进行分隔。

（三）规范性

发送给人力资源管理人员的简历最好使用 PDF 格式，这样可以确保对方看到的与你精心制作的简历一致。如果使用 Word 格式，其格式极可能会变乱。另外，面试前要携带 1~2 份纸质简历，以方便人力资源管理人员阅读。简历最好用质量较好的 A4 纸打印，黑白或彩印均可。

【拓展阅读3-3】
分析简历的优缺点

三、与简历相关的其他材料

除了个人简历，我们还需要准备一些其他的证明材料，这些材料可能被要求作为简历的附加材料，一并提交给用人单位，作为我们是否能够胜任某一职位的能力佐证。常见的材料除了之前我们介绍过的求职信、履历外，还有毕业生就业推荐表、成绩单、结业证书、荣誉证书等。

（一）毕业生就业推荐表

毕业生就业推荐表简称就业推荐表，是学校向用人单位推荐毕业生的书面材料。其主要内容包括基本情况、学业情况、本人简历、本人特长、爱好、社会表现及社会活动能力、在校奖惩状况、本人就业意愿、学校推荐意见、备注等。就业推荐表一般按统一格式制作，经由学校就业主管部门审核盖章后方具有效力。就业推荐表是用人单位判断毕业生是否具备应届毕业资格以及选择人才的重要依据，直接关系毕业生的切身利益，原则上每位毕业生只有一份就业推荐表。毕业生在进行公务员、事业单位等考试报名时，一般都会被要求提供就业推荐表，需注意提前完成相关材料准备。

（二）成绩单

成绩单是最能证明你专业学习成绩好坏的材料。使用成绩单作附件的情况一般有两种：一种是留学申请的海外高校会对你的本科学习成绩（GPA）有要求，不同学校要求的GPA不一样。所以，如果你准备升学或者正在申请海外高校，特别是申请名校，成绩单是必备的材料之一。另一种情况是部分招聘单位会参考你的大学成绩单，判断你是否具备了工作所对应的专业知识能力。

（三）结业证书

通常你在参加完专业培训、会议或者研讨会之后会获得结业证书。这类证书能够证实你已参加过有助于专业发展的项目，并展示你除学校专业学习之外的、对前沿领域和其他相关领域学习的经历。

（四）荣誉证书

你所获得的任何一项荣誉均可以证明你所具备的某类可以取得成就的特质。例如，应聘教师岗位时，你如果取得了校级及以上级别的师范生技能大赛的奖励，就说明你已经具备相应的教师教学能力。另外，奖学金等荣誉证书是报考选调生、公务员或者事业单位的必备材料。在简历后附上你所取得的荣誉证书，可以吸引招聘人员的注意力，令其认可你所具备的胜任力。

（五）从业资格证

某些特定的职业要求求职者取得从业资格证。如果没有取得相应的从业资格证，是无法从事该项职业的。比如，教师资格证是进入教师行业必备的资格，注册金融分析师（CFA）和注册会计师（CPA）证书在金融行业内有较高的认可度。

（六）写作样本

写作样本主要包括学期论文、学校报刊文章、为社团活动而写的活动宣传海报、商业信函或者其他原创的文本作品。写作样本可以展示你的写作功底和逻辑思维能力。

（七）短视频

通常短视频是新媒体相关行业能力的重要例证。例如，一段短视频能够很好地传达你的演讲能力。短视频还可以用来展示你的外语水平或者翻译能力，帮助你证明语言表达能力的同时还可以展示你的身体语言、专业形象和仪容。

（八）资深从业人士的推荐信

通过之前参与的实习或者兼职，你可以联系到资深从业人士为你撰写推荐信。资深从业人士写给你未来雇主的推荐信可以极强地证明你的职业能力。而且资深从业人士也可以通过推荐信的形式进行内部推荐，帮助你赢得目标岗位。

（九）表扬信

因赢得某项竞赛、获得学术荣誉、工作表现突出而收到的表扬信函会被视为你取得卓越成就的例证之一。比如，你的服务对象发出的、表扬你所提供的服务水平的信函，可以说明你具备良好的服务能力和相关个人品质，这有助于你成功求职。

（十）个人作品或相关新闻报道

相关期刊发表的文章，或者新闻报道上你所获奖项、荣誉或其他成就的文章，你创作或设计的作品，均能证明你具备胜任此项工作的能力。所以，请尽可能收集相关材料，这在一定程度上可以帮助你获得理想的工作职位。

四、前沿技术对简历撰写模式的重构

大数据和人工智能技术在简历筛选与撰写领域的应用，已经显著地改变了招聘流程。这些技术的应用对企业招聘效率提升和求职者简历优化均产生了深远的影响。通过自然语言处理和机器学习算法，人工智能技术能够对大量简历数据进行理解和解析，从而迅速识别出与职位需求最匹配的候选人。这种智能筛选不仅提升了招聘效率，而且减少了人为因素导致的偏见，使得招聘过程更加公正和客观。对于求职者而言，利用人工智能工具进行简历优化，已经成为一种趋势。这些工具能够根据目标职位的要求，智能推荐适合岗位胜任力的表达方式，帮助求职者制作出更具吸引力和竞争力的简历。

（一）人工智能技术促进招聘流程更加精确、高效

在招聘过程中，企业广泛采用申请人追踪系统 (applicant tracking systems，ATS) 对简历进行自动筛选。该系统通过预设职位相关关键词（包括技能、经验、证书等）对简历进行扫描，实现对简历的初步过滤。以招聘数据分析师职位为例，ATS 会自动识别并抓取诸如 Python、SQL、数据分析等关键词，从而对不符合基本要求的简历进行筛选，可能直接淘汰这些简历。人工智能技术将简历内容转化为标准化数据（如工作经历、教育背景、技

能标签)，以便人力资源部门能够迅速对候选人进行比较，从而减少人工阅读简历所需的时间。然而，格式不规范的简历(如包含图片、特殊符号等)可能会被 ATS 误读或排除。一些企业进一步引入人工智能模型，通过分析历史成功候选人的数据来预测候选人与岗位的匹配程度。例如，通过评估工作经历的时间线、项目成果的量化指标等，来评估候选人的潜在能力。

(二) 显性关键词成为人工智能提取的核心内容

为提高被人工智能筛选系统识别及推荐的概率，求职者在撰写简历时必须精确地嵌入与职位紧密相关的显性关键词。人工智能系统具备从简历中提取技能类显性关键词如 Python、用户增长等的能力。例如，在某大型企业对某一岗位进行的简历筛选中，近 1000 份简历可以在很短的时间内被处理，其中可能有很大一部分简历因未包含 Python 关键词而被淘汰，这一现象明确揭示了技能关键词在简历筛选初期阶段的重要性，成为通过初步筛选的关键因素之一。人工智能系统不仅能够提取关键词，还具备理解语义关系的能力。以"主导"和"参与"这两个关键词为例，在描述工作经验时，二者具有根本性的差异。通过对简历中类似语义关系的深入分析，人工智能能够更精确地评估候选人在以往经历中所扮演的角色和所起的作用，从而判断其是否满足目标岗位的经验需求。若求职者的学历信息属于硬性显性关键词，人工智能系统将提取候选人的毕业院校、GPA 成绩以及本科、硕士、博士等学历层次信息。企业通常根据岗位需求设定学历门槛，人工智能通过提取和比对这些学历关键词，初步筛选出符合学历要求的候选人。

(三) 合理利用人工智能工具优化个人求职简历

同学们在写简历时，可运用人工智能工具改善内容，使经历描述更规范、突出优势。具体建议如下。

(1) 确定人工智能工具的辅助角色。人工智能应作为提升简历质量的助手，而非替代者。例如，利用人工智能检查简历内容语法和格式错误；让人工智能根据岗位要求优化经历描述，但保证内容真实、细节准确。

(2) 结合课程和实践经历，精确输入需求。在使用人工智能工具时，主动提供具体信息，避免空泛润色。例如在人工智能工具中输入模板："我是 ×× 专业大学生，有'×× 课程小组作业'经历(担任 ×× 角色，完成 ×× 任务，取得 ×× 成果)，请帮我用职场化语言描述，突出 ×× 能力(如数据分析、团队协作)。"人工智能工具会呈现为"主导'×× 课程'数据可视化小组项目，运用 Python 处理 3000 + 条消费数据，通过 Tableau 完成多维度分析报告，获课程评分 95 分(前 5%)"。

(3) 重点润色经历描述，保留个人特色。突出量化成果，让人工智能工具补充数据化表述。避免模板化陷阱，润色后需手动调整，确保每段经历体现个人真实贡献，避免千篇一律。

(4) 警惕过度包装，坚守诚信底线。人工智能工具的作用是让求职者优势清晰呈现，而非虚构夸大。例如，课程实验、社团活动、实习见习等经历均可优化表述，但需保证内容真实；最终求职者需自己核对简历，确保语言自然、逻辑连贯，体现个人独特胜任力。

值得注意的是，人工智能工具是加分项，而非万能项。通过合理使用人工智能工具，同学们能更高效地呈现自身优势，但核心竞争力仍源于扎实的课程学习、实践经历和真实能力。

模拟实训

请结合你的求职目标，整理个人简历内容，根据简历要素的要求，完成求职简历的撰写。

本章小结

本章对于简历要素和简历优化技巧的讲解，能够帮助毕业生根据求职目标清晰、准确地展示个人求职优势，从人力资源管理人员的角度思考简历如何修改更为合理，完善个人求职简历。

课后练习

多项选择题：

当下移动互联网和新媒体技术发展日渐成熟，在业界的认可度越来越高。除了纸质简历外，还有哪些新兴的技术和渠道可用来向用人单位更充分地展示自我？（　　　）

A. 利用个人新媒体内容，展示自己的专业技能和项目经验。

B. 通过社交媒体平台，分享行业动态和个人见解，增强个人品牌影响力。

C. 制作视频简历，以更生动直观的方式介绍自己的背景和优势。

D. 使用在线简历生成工具，快速创建格式美观、内容丰富的简历。

实操题：

试着利用人工智能工具，优化以下个人经历，使简历内容更适用于公共管理人员的招聘场景。

本人参与暑期"三下乡"活动，在社会文化活动中担任志愿者，负责协调演出团队的沟通与合作。安排其他志愿者开展现场环境清理等活动。演出当天附件有近 300 名群众观看演出，演出反响热烈，好评如潮。

第四章 ▶▶▷

笔试准备

核心目标

1. 了解笔试在人员招聘选拔流程中的重要作用。
2. 了解专业测试、能力测试、心理测试的类型及应试策略。
3. 熟悉毕业前需要完成的校园笔试科目和应试策略，做好应试规划。
4. 熟悉目标职业或岗位招聘选拔可能涉及的笔试科目，做好应试规划。
5. 了解诚信考试对于个人学业及职业发展的重要性，培养持续学习的职业发展观和诚信应试的职业价值观。

思维导图

第一节　笔试概述

笔试是指被测试者按统一时间、统一地点、统一要求，以纸笔测验的形式完成测评题目，评判者按统一评分标准对被测试者掌握的知识状况进行评估的一种方法。

一、笔试的概念和类型

（一）招聘笔试

笔试是招聘活动中一种常用的方法。在招聘实践中，用人单位常常通过笔试来考核求职者对于特定领域知识的掌握程度，以及求职者的分析力、判断力、想象力、记忆力以及文字表达、逻辑推理等能力素质。在具体实施中，笔试常常由招聘单位或相关主考部门根据工作岗位的需要拟定试题，让应试者以书面形式作答。

并非所有的岗位招聘都会涉及笔试，在过去它常常被用于一些对专业知识技能、综合素质或特殊心理素质等有相关要求的岗位招聘中。随着时代的发展，尤其是知识工作者群体的迅速增长，如今无论是国家机关招聘公务员，还是各类企事业单位招聘员工，越来越多的组织将笔试纳入到员工选拔的正式程序之中。比如，希望进入教育行业的同学需要参加国家组织的教师资格证笔试，以及由地方人社、教委等联合举行的编制考试；希望成为公务员的同学需要参加国家公务员、各省选调生等选拔的笔试；希望报考研究生继续深造的同学需要参加研究生笔试（初试）；希望进入各类企事业单位的同学需要参加这些单位组织的笔试。

与其他选拔手段相比，笔试具有一些明显的优点。首先，试题的内容广、类型多、容量大，可以针对大批求职者同时进行测试，且成本低、效率高；其次，笔试的题目常常会经过仔细筛选、反复推敲，信度和效度都比较高，并可构建试题库长期使用；再次，笔试的评判过程相对客观、准确，可在一定程度上弥补面试评价的主观性，笔试材料还可作为衡量求职者能力的留档记录以及决定求职者去留的重要依据，能够体现选拔的公平；最后，面对笔试，求职者的心理压力相对较小，比较容易发挥正常水平。

有利就有弊，与其他选拔方式一样，笔试也有一些"硬伤"。首先，招聘单位很难通过纸笔测试充分地考查求职者的思想道德素质、工作态度、实际工作能力、人际关系等与工作密切有关的个人特征；其次，笔试也可能会筛选出一批"高分低能"的求职者，或使得一些通过猜题、押题等方式获得高分的求职者进入到下一轮，而真正优秀的求职者却被剔除掉。

【拓展阅读4-1】
我国最早的笔试

（二）笔试的类型

1. 技术性笔试和非技术性笔试

按试题内容，笔试可分为技术性笔试和非技术性笔试。

技术性笔试注重考查求职者对专业知识的掌握水平，题目主要涉及工作所需的技术性问题，专业性比较强；技术性笔试往往是针对技术、研发类岗位人员的招聘设计的。招聘单位可在员工入职前后，通过技术性笔试考核其对岗位知识的掌握水平，淘汰掉专业知识水平不足的求职者，或为水平不足的在职员工提供培训。比如，互联网公司在招聘程序员时，技术性笔试中可能会有编程的题目；中学在招聘学科教师时，技术性笔试中可能会有近年来相关学科的高考题目。

非技术性笔试常用于考查求职者的一般知识水平和能力素质。与技术性笔试相比，它的应用面较广，对求职者的专业背景要求也更为宽松。考核内容包括一般常识、能力测试、心理测试等方面的内容。

不同性质的招聘单位在通过笔试选拔人员时，对技术性笔试和非技术性笔试的倚重也不尽相同。中小企业更注重选人能"用"，因此在技术类岗位的招聘中往往更注重对专业技术类知识的考查；而大企业在选拔技术类人员时，除了对专业技术有所要求外，更加注重员工的一般能力和综合素质。因此笔试题型可能会涉及解决复杂的专业问题，以及对智力、情感、性格、潜能等多种心理素质的考查。

2. 多样化的题型

笔试包括选择题、判断题、填空题、简答题、案例分析题、综合分析题以及撰写论文等。每种题型各有优缺点。比如，选择题、判断题、填空题、简答题等题型通常用以考查求职者的一般知识水平，评价标准较为客观，方便评阅，但求职者很容易掌握相关知识点的答题规律，这对评价结果的真实性造成影响。再如，案例分析题常用于检测求职者的认知理解能力、分析判断能力、逻辑思辨能力、组织能力等，论文写作则可考查求职者的语言组织能力和对某类问题的看法，同时能反映出求职者的价值观，但由于这些题目的评价过程较为主观，即使有参考评价体系，仍难以避免评价者自身的影响。

以我国现行的公务员考试为例。公务员考试的笔试包括行政职业能力测验和申论两个科目。其中，行政职业能力测验主要考查应试者在数量关系、言语理解、判断推理、常识判断、资料分析等方面的能力，常以选择题、判断题、填空题等题型出现；申论主要考查应试者在认知理解、逻辑思辨、综合分析等方面的能力，常以案例分析、写作等题型出现。

（三）笔试的设计和评价依据

对招聘单位而言，笔试的设计依据是招聘岗位的具体职责和任职要求，即岗位的胜任力，包括一系列可能对岗位工作绩效产生影响的知识技能、价值观、自我形象、个性、动机等个人素质。根据美国学者斯宾塞提出的胜任力冰山模型（图4-1），个人所具备的知识、技能等素质通常比较容易被识别和评估，而他们的角色意识、自我概念、人格特征、成就动机等素质不易被观察到。因此，用人单位会结合招聘岗位的胜任力素质特征设计相应的笔试方案。比如，针对岗位所需的专业知识或技能点，可直接通过专业知识测验进行测评；针对岗位所需的特定人格、态度、动机等特征，可能会通过相关能力或心理测验来评估。

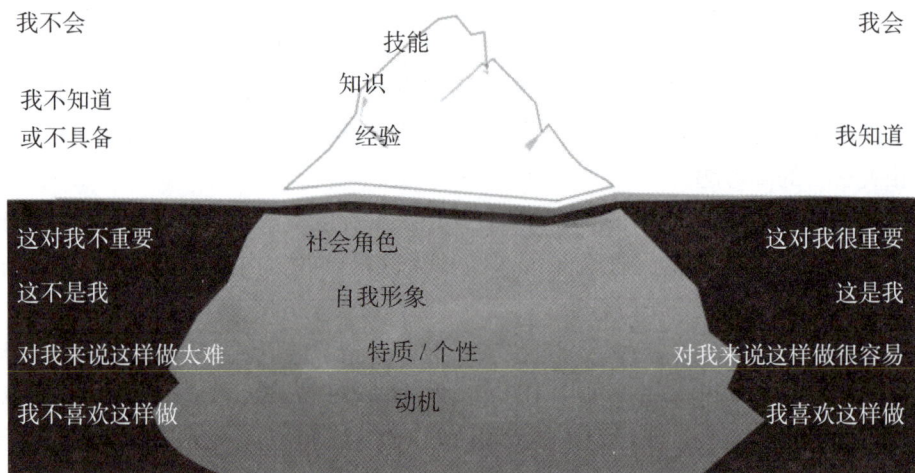

图 4-1　胜任力冰山模型

除了密切围绕岗位胜任力，用人单位在设计笔试方案时，还会结合招聘选拔的需要来设计笔试的难度和区分性。比如，在一些以选拔为目的的技术性笔试中，招聘单位可能会设置一些难度较高的题项，使得专业水平更高的求职者能够脱颖而出；而在一些仅希望通过笔试做简单的资格筛选，从而让大部分求职者都能进入到下一轮选拔的用人单位，则可能会考虑将试题设计得简单一些。非技术性的笔试同样如此，如针对一些有特定的心理或能力要求的岗位，用人单位会考虑设置一些具有高区分性的心理或能力测试题项。

此外，用人单位在评价求职者的笔试结果时，不会简单地认为分数越高者就越优秀，而是需要结合招聘岗位的胜任要求进行评分。比如，同样是用"大五"人格量表来评估求职者的性格，但营销岗和财务岗参考的指标是不一样的，在"外向性"维度上得分较高的求职者可能被认为更适合营销岗位；同时，无论是应聘营销岗还是财务岗，求职者们在"责任心"维度上的得分都很重要，因为一个人想要在任何岗位上获得良好的绩效，责任心都是必不可少的。

了解笔试的设计和评价规律，有助于求职者在笔试前进行针对性的准备。

二、笔试的一般应试技巧

在知识经济时代，笔试已成为越来越多的企事业单位进行人才招聘选拔的重要手段。作为求职者，只要在笔试前做好充分的准备，就不难在笔试中顺利"通关"。

首先要对即将面临的笔试有所了解。求职者应充分了解招聘单位的性质、行业特征、组织文化，以及招聘岗位的工作职责和胜任要求等，从而对即将参与的笔试类型、难度等做到心中有数。比如，求职者可通过企事业单位的官方网站、近年来的新闻报道以及采访相关行业人士和前辈等方式，了解该单位近年来的重点领域、发展方向、榜样人物、组织文化等，从而对笔试中可能会考核的技术性或非技术性内容有所了解，提前做好知识储备和心理准备。

其次要认真备考。无论是技术性的专业笔试，还是非技术性的能力或心理测试，都需要提前做好准备，包括评估可能会考到的内容，查看是否有可参考的考试大纲、教辅材料、往年真题或模拟试题，考虑要不要参加某种笔试培训辅导，尽可能充分地搜集应试资料等，做好应试的知识储备。对于一些缺乏明确的考试大纲、难以获取教辅材料的笔试，可结合行业中典型岗位的一般标准以及招聘单位的性质、行业层次等特征进行备考；同时积极关注行业和组织发展的新趋势、新变化，以应对过去笔试中不曾出现的问题。此外，还需注意备考的方式方法。对专业性较强的笔试，应注重平时积累、阶段提升，临考前可能还需要进行强化练习；对一些常识测试、能力测试或心理测试，可提前熟悉题型，了解答题技巧。

再次要保持良好的心态。复习备考阶段既要全力以赴，也要客观冷静地评估招聘单位的要求及自身的备考状况，在保持信心的同时也要减轻思想负担，力争以最佳状态参加考试。毕竟，大多数的求职笔试与高考或研究生入学考试还是有区别的，在同一年份，高考和研究生入学考试是"一锤定音"，而求职笔试则有多次机会，即使无法通过某家单位的笔试，求职者所储备的相关知识技能往往也可适用于同行业的其他单位。如果出现考试焦虑，应学会自主调节或寻求备考经验丰富的人士予以指导；如果仍然无法缓解考试焦虑，应积极主动地向辅导员或心理老师求助。

最后要做好临场准备。求职者在准备笔试时，往往将大部分的时间精力都花在知识技能的准备上，而对做好笔试当天的临场准备意识不够；如果备考很充分，却在考试当天因为小失误影响了笔试，是非常不划算的。如果条件允许，求职者应提前熟悉考场环境，了解考场纪律和注意事项，准备好必备证件和答题文具，提前一天左右设置好考试时间提醒，在考试当天提前到达考场等，这些都有利于消除应试的紧张情绪。此外，求职者还应注意在考前一段时期调整好用餐和作息习惯，以便在考试期间处于良好的身体状态和唤醒水平。

为了让大家更详细地了解几种常见的笔试类型及应试技巧，我们将在本章第二、第三节对专业测试、能力和心理测试进行专门介绍。

第二节　专业测试

当今时代，随着知识经济和信息技术的持续发展，各类企事业单位的竞争越来越体现为对专业人才的竞争。为了招聘到更专业、更职业化的工作者，顶级企业不惜投入巨额招聘成本；即使是一些竞争力相对较弱的中小型企业，也希望通过一些选拔手段甄选出更专业的人才。在这种背景下，专业测试应时而生。

一、什么是专业测试

在了解专业测试之前，我们先来了解一下"成就测验"的概念。所谓成就测验，指专门为接受过某种教育或训练的人编制的测验，用以考查其经过教育或训练后获得的知识技能水平，常常以笔试的方式进行。我国现行的中考、高考、研究生入学考试等，都是典型的成就测验；各级各类学校中日常进行的期中、期末考试或单元测试等，也属于成就测验。

专业测试是成就测验的一种。专业测试常用于人才选拔过程，评估人们在特定领域的知识技能水平是否符合相关岗位的胜任要求。专业测试既可能以笔试的方式出现，也可能包括实操的内容。

二、专业测试的类型

专业测试包括语言和计算机水平测试、职业资格测试、带有专业性质的学业选拔测试和职业选拔测试。

（一）语言和计算机水平测试

当前，众多的工作领域都会对求职者的英语（或其他外语）水平或计算机水平提出要求，一些涉外的公司和岗位要求会更高。为了获得相应的入职资格，大学生在校期间往往会参加相应的语言或计算机水平考试，并获取相应的证书。尽管这两类考试的适用范围较广，但考虑到其是众多岗位所需的特定知识，故本书仍将其列为专业测试的范畴。

1. 语言类测试

专业测试中的语言类测试主要是指外语水平的测试。目前，我国有许多国家统一组织的外语水平考试。比如，由国家教育部高教司主办的大学英语四级（CET-4）、六级（CET-6）考试是我国组织规模最大、参与人数最多的语言类测试，每年各组织两次，分别在同一天的上午和下午进行；考试内容包括听力理解、阅读理解、综合测试和写作测试四部分，满分为 710 分。尤其是英语四级的分数，不仅是众多高校评估学生能否顺利毕业的参考依据，也是很多单位选拔人才的基本标准。对于英语相关专业的大学生来说，要获得毕业资格或证明自身的专业知识水平，还需参加专业四级或八级的考试。除英语外，日语、德语及其他一些语种也有相应的等级考试。对那些大学毕业后希望出国深造，或希望进入外企或合资企业工作的同学而言，主动了解语言类的考试的相关要求和考试规律，尽早获得相应的水平等级证书，有助于在未来求职中占据先机。

【拓展阅读 4-2】雅思、托福、BEC 考试

除了上述外语类测试，一些少数民族同学还可参加汉语水平考试 (Chinese Proficiency Test)。汉语水平考试 (以下简称 HSK) 是为了测试母语非汉语者的汉语水平，由国家汉办开发和实施的一项国际汉语能力标准化考试；参试人群包括外国人、华侨、华裔和中国少数民族考生。HSK 以教育部、国家语言文字工作委员会发布的《国际中文教育中文水平等级标准》(GF0025—2021)(以下简称《标准》) 为基础。《标准》将学习者的中文水平分为 "三等九级"，以音节、汉字、词汇、语法等四种语言要素作为 "四维基准"，以言语交际能力、话题任务内容和语言量化指标作为三大评价维度，将中文听、说、读、写、译作为五项语言技能，从上述维度和指标来标定学习者的中文水平。HSK 包括初等、中等汉语水平考试［简称 HSK(初、中等)］和高等汉语水平考试［简称 HSK(高等)］两类，目前在国内多个省份和海外多个国家设置考点，每年 6 月和 10 月各举行一次考试；成绩达到相关标准后可获得相应等级的汉语水平证书。该证书不仅可作为在中国高校学习相关专业或报考研究生所要求的汉语水平证明和汉语水平达级或免修相关汉语课程的证明，也可作为相关机构录用人员时的汉语水平依据。

此外，希望在未来从事教育工作的大学生，除了参加教师资格证考试外，还需通过 "毛笔、钢笔、粉笔" 的测试，俗称 "三笔" 测试。这也是一种语言类测试。尽管这类测试通常由学校自主组织施测和评分，但仍需认真对待。求职时，如果写得一手漂亮的硬笔字或粉笔字，往往能够给招聘单位留下良好的印象。

2. 计算机水平考试

在信息时代，越来越多的工作需要运用计算机来辅助完成。从常规的 Office (办公) 软件，到复杂的数据分析和建模，工作领域对从业者的计算机应用知识和技能提出了越来越高的要求。全国计算机等级考试是由教育部考试中心主办，用于考查应试人员计算机应用知识与技能的全国性计算机水平考试。考试按知识和技能水平分为一、二、三、四级，级数越高，要求掌握的知识和技能越复杂；同时，每个等级都有一系列的科目供考生自主选择。

【拓展阅读4-3】
全国计算机等级考试 (NCRE) 科目设置 (2023 版)

目前，尽管各高校对学生毕业前是否需要达到一定的计算机等级水平要求不一，但大多数毕业生都会在求职简历中注明自己的计算机技能水平；相比那些仅用文字描述自己的计算机技能水平的人，持有计算机等级证书者在求职时往往有更多竞争优势。

(二) 职业资格测试

除了对求职者的英语或计算机水平有所要求外，在一些特定的职业领域，国家还会通过职业资格考试来评估应试者所具备的职业知识和技能水平，作为认定其是否具备从事相关职业资质的依据。我国从 1994 年开始实施职业资格制度，以此为依托对技能人才进行评价和开发。经过多年发展，职业资格测试对提高专业技术人员和技能人员素质、加强人才队伍建设发挥了积极作用。

职业资格测试包括专业技术人员职业资格考试和技能人员职业资格考试两种，大学生均可报名参加。专业技术人员职业资格考试包括准入类和水平评价类两种。在一些关系到公共利益或涉及国家安全、公共安全、人身健康、生命财产安全的职业（工种）领域，国家实施劳动者就业准入制度，从业者必须经过培训并取得职业资格证书后，才能就业上岗，如教师资格（教育部）、法律职业资格（司法部）、注册会计师（财政部）、注册测绘师（自然资源部、人力资源和社会保障部）等。此外，在一些具有较强的专业性和社会通用性、技术技能要求较高、行业管理和人才队伍建设确实需要的职业领域，国家对相关职业资格进行水平评价，如社会工作者职业资格（民政部、人力资源和社会保障部）、经济专业技术资格（人力资源和社会保障部）、审计专业技术资格（审计署、人力资源社会保障部）等。

职业资格考试通常由国务院相关部委或人力资源与社会保障部门组织实施，考核内容通常会涉及相关职业领域的基础知识、职业道德和实际操作等科目，以笔试或在线测试的方式完成。职业资格考试证书分为三个和五个等级：三个等级的职业资格考试分为初级、中级、高级，五个等级的分为初级（五级）、中级（四级）、高级（三级）、技师（二级）和高级技师（一级）。等级越高，所需掌握的职业知识和技能水平就越复杂。对劳动者来说，职业资格证书既是他们具有从事某种职业所必备的知识技能的证明，也是他们求职、任职、开业的资格凭证；对用人单位来说，职业资格证书以及境外就业、对外劳务人员办理技能水平公证的有效证件是他们招聘、录用劳动者的主要依据。

不同类型的职业资格考试，每年举办的次数不同。有报考需求的同学，应密切关注国家相关部委出台的职业资格考试通知，做好考试准备。比如，人力资源与社会保障部每年通常会组织两次全国规模的职业资格考试，分别在5月和11月进行；考试前几个月在省级和厅局官网发布"报考须知"，对申请条件、报名方式、考试内容、笔试和面试要求等进行详细说明，中国人事考试网（http://www.cpta.com.cn/）以及各省人力资源与社会保障局官网会同步发布"报考须知"以及一些当年考试的新变化。同学们可根据通知要求，做好应试准备。一般而言，考生需要经历"网上或线下报名—资格审查—打印准考证—参加考试—查询分数—申报证书"等一系列过程。

【拓展阅读4-4】
2021年版《国家职业资格目录》

【拓展阅读4-5】
大学校园中的"考证热"与申报职业技能鉴定的注意事项

近年来，为持续推进技能人才评价制度改革，适应新时期经济社会发展和劳动者就业创业需要，国家开始推动水平评价类职业资格逐渐退出职业资格目录。具体实施时，按照"先立后破""一进一退"原则，由社会公开遴选的社会培训评价组织和用人单位开展职业技能等级认定，对水平评价类技能人员由过去的"职业资格认定"转为"职业技能等级认定"，准入类继续实行职业资格目录管理。这是我国职业资格制度改革新的重大举措和方向。比如，2017年版的国家职业资格目录中，技能人员职业资格有81种；2021年版的国家职业资格目录中，技能人员职业资格仅剩下13种，其余均调整为职业技能认定。感兴趣的同学，可通过我国"技能人才评价工作网"（http://www.osta.org.cn/），进一步了解有关职业技能评价的更多信息。

【拓展阅读4-6】
从"职业资格制度"到"职业技能等级制度"的转变

（三）带有专业性质的学业选拔测试

全国硕士研究生统一招生考试（以下简称"考研"），是我国高等教育领域的一种选拔性考试，由国家考试主管部门和招生单位共同组织的初试和复试构成。研究生的招生种类按学位类型可分为学术性硕士（以下简称"学硕"）和专业型硕士（以下简称"专硕"），两种类型的考试科目有一定的区别：学硕的考试科目为四门，包括政治、英语及两门专业科目；专硕的考试科目为三门，包括政治、英语及一门专业科目。除了按学位类型区分外，研究生招生还可按学习形式分为全日制研究生和非全日制研究生，两类研究生培养方式上有所区分，全日制研究生指能够全天候地参与学校的培养计划的学生，学习时间与传统的大学生没有差异；而非全日制研究生的教学时间常常在周末或寒暑假。

【拓展阅读 4-7】
考研二三事

（四）职业选拔测试

除了前面介绍的几种组织级别较高、组织规模较大的专业测试外，现实生活中，很多招聘单位会结合实际工作的需要，自行组织专业测试来考核求职者是否具备特定岗位所需的专业知识和技能，这类测试就是职业选拔测试。下面我们分别以教育类单位和非教育类单位为例，对这类专业测试进行介绍。

1. 教育类单位组织的学科教师笔试

师范生或有志于从事教育工作的同学，在申请中小学学科教师岗位时，通常会参与由地方教委或学校组织的学科知识测试。学科知识测试的难易程度、规范程度因学校的层次和招聘岗位的差异而不同。

通常情况下，中学在招聘与中、高考科目相关的学科教师时，可能会以近年来的中考题、高考题、竞赛题等作为考核内容。同一所中学在招聘某类学科的教师时，对初中部教师和高中部教师的要求是不同的，对后者的专业知识水平要求会更高；同样是招聘高中部某学科的教师，普通中学、重点中学的要求也不一样，后者对教师的专业知识水平要求会更高。此外，一些条件较好的重点中学，会设置专门的竞赛部，由专人指导成绩优异的学生参加国内外各种学科竞赛，希望竞聘到这类部门的求职者，需要具备更高的专业知识水平。

2. 非教育类单位组织的专业测试

除教育行业外，很多非教育行业的企事业单位也会根据招聘岗位需要，为求职者设置由本单位自主命题的专业知识考试。比如，软件公司招募程序员时，通常会要求求职者完成具有一定难度的编程笔试；以提供创新产品为核心业务的企业在招聘用户中心员工时，可能会要求求职者针对给定材料设计出调研方案。非教育类单位组织的专业测试通常与岗位的专业应用实践密切相关，考核内容广、知识新、针对性强，需要认真对待和准备。

对大学生而言，如果希望前往心仪的企事业单位就业，尤其是想要获得技术和研发类岗位，必须紧跟时代节奏，持续提升专业知识水平，打造自己在笔试中的优势。

三、专业测试的应对策略

专业测试的应对策略包括如下几点：

一是要具有扎实的知识储备。无论是语言和计算机等级考试、职业资格考试、研究生入学考试，还是职业选拔考试，专业性笔试均旨在考查求职者关于特定领域的知识技能水平。这意味着求职者对相关领域的知识不仅要学懂，还要学精；要注重平时积累，而不是临时抱佛脚；要注意积累的方式方法，如通过思维导图进行知识管理，形成良好的知识结构，并经常温故知新；学有余力者还可逐渐提升学习难度，尝试利用专业知识解决更复杂的专业问题。比如，研究生入学考试旨在考查应试者在某学科领域所具备的专业基础知识和应用技术水平，该考试的权威性高、评分标准严格、公平性高，备考过程通常也较为漫长，少则两三个月，多则半年甚至一年以上，很少有人能够临时起意决定考研，然后草草复习一两周就能考上。与在过去两三年里逐渐积累了扎实专业功底的同学相比，那些尚未形成系统化知识结构的同学，其备考过程会更加艰辛。

二是要注意了解专业发展动态。在当今时代，知识日新月异。求职者不仅需要在相关领域有扎实的专业积累，还应该积极关注和了解该领域的最新动态。尤其是对大学生而言，大学期间所学的教材、参考书等往往只提供了基础理论；即使经常再版，因出版周期的原因，其知识更新程度也相对较慢。而各类企事业单位在招聘时，往往会从实用角度出发考查求职者是否掌握了本领域较为前沿的知识技能。因此，同学们在掌握常规知识的同时，还应养成定期阅读专业期刊、科普读物、重要的专业论文集或行业会议资料等的习惯。此外，随着时间的推移和职业世界的变化，国家会考虑将一些类型的职业资格考试取消，并增加新的职业资格考试类型。希望报考相关职业资格证书的大学生密切关注最新政策变化。

三是要注意结合招聘单位的具体情况。由于各类组织在性质、规模、行业类别、组织结构、工作流程、产品服务类型、经营管理方式等诸多方面存在差异，因此即使是同样的技术性岗位，在不同组织中也可能承担着不一样的工作内容。这意味着在备考专业性笔试时，求职者还需尽可能了解应聘组织的具体情况。以应聘某互联网企业为例：求职者首先可通过该企业的招聘公告来初步了解岗位要求，并通过查询企业网站主页来了解该企业的核心价值观、经营模式、产品服务特点、受推崇的领导者或明星员工等相关资料；其次，可通过新闻资讯、行业报告、人物访谈等方式对该企业或相关岗位进行更深入的了解。广泛深入地搜集企业资料不仅有助于求职者甄别该岗位是否是自己心仪的岗位，也能帮助其在专业性笔试中结合其产品或服务的特点，进行更有针对性的回答。

第三节　能力和心理测试

能力和心理测试通过科学评估个人职业胜任力与心理适配性，为实现精准定位岗位、人职匹配及长远职业发展奠定基础。

一、能力测试

(一) 能力测试概述

所谓能力，是指让个体有效完成某项工作或任务的心理特质，通常可分为一般能力和特殊能力两类。一般能力即智力，如记忆能力、思维能力、想象能力、解决问题的能力等。特殊能力则既可能是指一般能力中的某一种能力，也可能是指某些特殊工作领域所需的知识和技能。比如，优秀的话剧演员常常具有良好的台词功底，这与他们优秀的记忆能力有关，记忆力属于一般能力或智力中的一种。再如，优秀的教练员通常掌握了熟练的教练技术，太空中的航天员要准确无误地完成航天器中的各项操作，需要具备大量的操作知识和技能等，这些能力都是特定工作领域所需的能力。

关于上述能力的测试就是能力测试。针对一般能力的测试通常是指智力测试，主要考核求职者的语言能力、记忆力、创造能力、分析观察能力、综合归纳能力、思维反应能力以及对于新知识的学习能力等，是对求职者处理问题度与质量的测试，检验其对知识和智力运用的能力和程度；针对特殊能力的测试主要考查求职者在岗位所需的某些特殊能力上是否具备相应的水平，如针对飞行员的空间认知能力测试等。

(二) 代表性的能力测验

1. 智力测验

(1) 比奈系列量表。法国学者比奈及其助手西蒙于 1905 年开发了世界上第一个智力量表——比奈 - 西蒙量表，开创了智力测试的先河。该量表最早用于评估儿童智力，包括感知力、记忆力、想象力等内容。后来的研究者对比奈 - 西蒙量表进行了多次修订和标准化。先是开发了适合儿童组、普通成人组、优秀成人组等三种人群的量表；随后丰富了量表内容，将智力测验的内容扩大到记忆、算数、常识、图画、空间、理解等多个方面；最终将该量表由年龄量表发展成为分量表和分测验。我国研究者在引进该量表时也进行了相应的修订。完整版的中国比奈测验共 51 个题项，简版仅 8 个题项，适合测试 2 岁及以上的未成年人，可用来快速考查儿童的智力水平。

比奈 - 西蒙量表测验题目示例：

请在下列选项中找出与众不同的一个 (　　)。

A. 铝　　　B. 锡　　　C. 钢　　　D. 铁　　　E. 铜

(2) 韦氏成人智力量表。学者韦克斯勒编制和修订了成年人的智力量表。韦氏成人智力量表修订本一般包括言语量表和操作量表两部分，每部分包括 7 方面测验内容。其中，言语量表包括常识、数字广度、词汇、算数、理解、类同、字母 - 数字排序 7 个分测验；操作量表包括填图、图片排列、积木、拼图、数字符号、矩阵推理、符号搜索 7 个分测验。韦氏成人智力量表被引入中国后，很多学者都致力于对这一量表进行修订，其中，由龚耀先主持修订的韦氏成人智力量表中国版 (WAIS-RC) 在业内认同度最高。

（3）瑞文标准推理测验。英国心理学家瑞文设计了一套非文字型智力测验，在测验中用到大量图形，用于考查被测者的观察能力和思维能力。经过多次修订后，该测验能够适用于各智力层次的群体。该测验由 60 道题目组成，分为五组，每组 12 道题，分别考查被测者的某种智力因素。每道题都由缺少一块图案的图片和若干备选图形构成，要求被测者根据图片的规律选出合适的图案填充进去（图 4-2）。北京师范大学张厚粲等学者于 1986 年完成了该测验中国版的修订，并推动了这种测验形式在中国的应用。该测验适用的群体范围广，同时极大减少了文化、语言、种族等因素对测验结果的影响，并可进行规模化施测，因此成为国内广泛应用的智力测验之一。

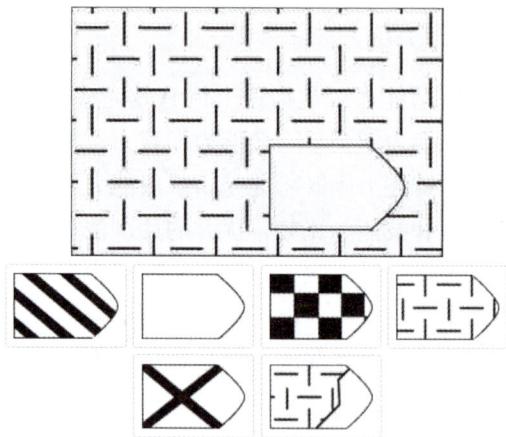

图 4-2　瑞文标准推理测验题目示例

2. 能力倾向测验

能力倾向是指一个人在经过一些特定的训练后，能否获得相关知识和技能，并在该领域获得更加深入的发展和成就，它关注的是个体在某个领域的发展潜力。能力倾向测验既可以用于指导个人升学和职业选择，也可以用于企业评估员工潜能。在知识经济时代，员工的很多知识、技能、经验都需要在入职后逐渐积累；对各类企事业单位而言，员工是否具有良好的发展潜力是其招聘时尤其看重的问题。

（1）一般能力倾向成套测验。一般能力倾向成套测验由美国联邦劳工部于 1947 年编制，既可以用于求职咨询，也可以用于学业选择。该测验共有 12 个分测验（8 个纸笔测验，4 个仪器测验），用于评估从高中生至成年人的 9 种能力倾向，包括一般学习能力、言语能力、数字能力、空间能力、形状知觉、书写知觉、运动协调、手指灵巧性、手部敏感度等。该测验既可以针对个体进行，也可以针对团体进行。

（2）特殊能力倾向测验。特殊能力倾向测验是评估个体在某些特定领域是否具有潜在能力的测验的统称，常用于企事业单位选拔职员、行政工作人员、特殊才艺人员等。比如，文书能力测验常用于评估应试者的知觉速度和准确性、数学能力及词语熟练度等，以确定其是否能成为合格的文秘人员；行政职员的能力倾向测验则常用于评估应试者是否具有从事行政工作的潜能，从而为国家选拔行政机关人员。

（三）我国常见的能力测验

在我国，无论是公务员选拔还是事业单位编制考试，都有能力测验的内容，一些企业也会为了评估求职者的一般能力水平和特殊能力倾向，组织相应的能力测验，但题目类型与考核思路大同小异。以下以公务员考试和事业单位考试为例，对大学生毕业后可能参与的能力测验进行简要介绍。

1. 公务员考试

在我国，公务员分为中央公务员、国家机关公务员和地方国家公务员三类。公务员考试是由公务员主管部门组织的，为录用担任一级主任科员以下及其他相当职级层次的公务员进行的考试，分为国家公务员考试（简称"国考"）和地方公务员考试（简称"省考"）两类。其中，"国考"是指中央、国家机关及中央国家行政机关派驻机构、垂直管理系统所属机构录用机关工作人员和国家公务员的考试，"省考"是指地方各级党政机关、社团等为招录机关工作人员和国家公务员而组织进行的各级地方性考试。两种考试不存在从属关系，考生可同时报考。考生通常需要满足一定的报考条件，并完成相应的报名程序，方可参加考试。考试时间较为固定，通常集中在每年的 10—11 月份。

【拓展阅读4-8】
"国考"和"省考"
的考试方式有何
不同？

"国考"包括笔试（公共科目、专业科目）和面试两部分。其中，笔试的公共科目包括行政职业能力测验（结合 A、B 类职位分别命题）和申论两个科目，专业科目笔试和面试时间由招考部门自行通知。从本质上看，公共科目的两门考试属于能力测验的范畴。"省考"的科目尽管由地方自定，但从近年来的考试改革趋势看，普遍都向行政职业能力测验和申论两科靠拢；个别省份在上述两科之外，还有综合基础知识考试。总的来说，无论是报考国家公务员还是地方公务员，绝大部分考生都需要对行政职业能力测试和申论两个公共科目进行深入研究。

行政职业能力测验通常用于测查与行政职业成功有关的一系列心理潜能。它既不同于一般的智力测验，也不同于公共基础知识或专业知识技能测验，而是通过评估一系列心理潜能，预测考生在行政职业领域内多种职位上取得成功的可能性。1989 年，我国首次在国家行政机关补充工作人员的录用考试中采用行政职业能力测验，经过多年发展，行政职业能力测试已逐渐形成以言语理解与表达、数量关系、判断推理、资料分析、常识判断为主体的较为稳定的结构和体系。

2015 年，"国考"开始按副省级和市（地）级两种类别，分类命制行政职业能力测验试卷。2022 年，"国考"的职位类别中增加了"行政执法类职位"，与此相适应，行政职业能力测验的试卷也分为副省级、市（地）级、行政执法类三种，每一类的题目数量和分值略有不同。比如，2024 年国家公务员考试的行政职业能力测验中，副省级类共包括 135 道题，题型和分值如表 4-1 所示，通常难度较另两种类型而言更高一些；市地级类共包括 130 道题，题型和分值如表 4-2 所示；行政执法类共包括 130 道题，题型和分值与市地级相同，但考查重点有所差异。

表 4-1　2024 年国家公务员考试行政职业能力测验（副省级）的题型及分值

内容	题目数量（道）	分值（分）
言语理解与表达	40	32
数量关系	15	12
判断推理	40	26

内容	题目数量（道）	分值（分）
资料分析	20	20
常识判断	20	10

资料来源：2024 年国家公务员考试。

表 4-2　2024 年国家公务员考试行政职业能力测验（市地级）的题型及分值

内容	题目数量（道）	分值（分）
言语理解与表达	40	32
数量关系	10	10
判断推理	40	28
资料分析	20	20
常识判断	20	10

资料来源：2024 年国家公务员考试。

　　2025 年，为进一步凸显公务员的政治属性，行政职业能力测验的三类试卷中均增加了"政治理论"的内容，重点考查考生以党的创新理论指导分析和解决问题的能力。以市（地）级类为例，在保持 130 道题总数不变的情况下，各部分的题目数量发生了一定变化，如表 4-3 所示。报考公务员的同学需要对这些变化保持密切关注并做好相关准备。

表 4-3　2025 年国家公务员考试行政职业能力测验（市地级）的题型

内容	题目数量（道）
政治理论	20
言语理解与表达	30
数量关系	10
判断推理	35
资料分析	20
常识判断	15

　　公务员考试中的另一门公共科目申论则具有模拟公务员日常工作的功能。通过让应试者阅读特定资料，回答有关问题，考查其在阅读理解、分析判断、提出和解决问题、语言表达、文体写作、时事政治运用、行政管理等七方面的综合能力，评估其是否具有从事机关工作所需具备的基本能力。

　　申论试卷通常包括"注意事项""给定材料""作答要求"三部分内容。考生需要在详细了解注意事项的基础上，认真阅读 5 份给定材料，并根据作答要求分别进行回答。比如，2024 年中央、国家机关公务员录用考试申论试卷［市（地）级类］中的一段给定材料及作答要求如下。

材料 5：

某大学图书馆的后院里，有一排类似仓库的平房，里面的操作台上摆满了各式的锤、锯、刨、凿等工具，细细的尘屑在午后的阳光里飞舞，把过去和现在的时间连缀在一起。

"抽屉坏了修抽屉，椅子坏了修椅子。"王师傅这样介绍自己的工作内容，"比较杂。"王师傅的工作以桌椅维修为主，但实际上，图书馆各项与木工有关的后勤工作，都离不开他的参与。王师傅的工作看似普通、细碎、不起眼，但对于维持图书馆正常运转、提升师生的使用体验来说却无比重要。

在修缮中创造，于毫末处耕耘。他用辛劳和勤恳让这份工作变得毫不寻常，并拥有了动人的力量。为配合学校师生和各部门的需求，王师傅在图书馆室外步梯建起分隔空间作用的木门、为古籍部定制特殊尺寸和功能的木箱。眼下，王师傅正在打磨一个小木块。他解释，这是一个简单的装置，用来卡住图书馆的窗户，使它只能打开到一定的角度，防止磕碰到经过的人。这些适用于具体场景，让环境更加舒适、让身处其中的人感到被重视和被关怀的"小补丁"，正是王师傅工作的意义。

每天穿梭于图书馆的连廊厅堂中，王师傅与大学生们总是擦肩而过。这些学生，或是沉浸于试图"疗救灵魂的贫乏、修补人性的缺陷"的文学著作，或是想要获取量子理论相关的研究文献，又或是为了寻找一个安静的场所，沉下心来，撰写一份活动策划……

在人们眼中，王师傅只是学校工作人员中普通的一份子。校园里人们的活动轨迹重叠交错，去往各自的方向，但他们与社会中许许多多的个体和组织一样，都要承担共同的责任，那就是投入自己的领域，不断"打磨"、不断"修补"，为人们温暖笃定的生活秩序默默付出，稳步前行。

作答要求：

"给定材料5"中提到："投入自己的领域，不断'打磨'，不断'修补'，为人们温暖笃定的生活秩序默默付出，稳步前行。"请根据对这句话的理解，参考给定材料，联系实际，自选角度。自拟题目，写一篇文章。要求：

(1) 观点明确，见解深刻；

(2) 参考给定材料，但不拘泥于给定材料；

(3) 思路清晰，语言流畅；

(4) 字数 1000~1200 字。

从 2022 年起，申论与行政职业能力测验一样，也开始分为副省级类、市地级类、行政执法类三类试卷，每种类别的考试侧重点不同。其中，副省级类试卷的主题通常较为宏观，常常聚焦于发展思路、发展方向、改革创新等宏观领域；市地级类试卷的主题通常与国家和社会治理、城市建设和治理、高质量发展等领域有关；行政执法类试卷的主题通常与行政执法、基层治理、政府服务等领域相关。

公务员考试的专业科目通常由招考部门拟定，一般只针对部分有专门知识、专门技能的岗位设置。比如，在"重庆市 2025 年度公开考试录用公务员公告"中，就有"报考公安人民警察执法勤务职位的，还需参加公安类专业科目考试""报考法院系统、检察机关职位的，还需参加法律基础知识考试"等相关说明，同时发布相关专业科目的考试大纲。

2. 事业单位考试

事业单位是国家为了社会公益目的，由国家机关举办或者其他组织利用国有资产举办的，从事教育、科技、文化、卫生等活动的社会服务组织。事业单位考试又称事业编制考试，由各用人单位的人事部门委托省级和地级市的人事厅局所属人事考试中心来进行命题和组织报名、实施，部分单位自行命题和组织实施。考试流程通常包括个人报名、招聘单位初审、资格审查、笔试、面试、体检等一系列过程，考生可通过当地省级或地级市人事厅局所属的人事考试网了解当年的考试大纲，并完成报名和考试等相关事宜。

【拓展阅读 4-9】
重庆市 2025 年度公开考试录用公务员公告

事业单位考试的笔试包括专业科目和公共科目两种。其中，公共科目是所有人必考的科目，专业科目只针对部分有特殊专业要求的岗位设置。在过去，公共科目的考试内容通常为综合基础知识，考试内容会根据招聘单位的性质分为不同的类别。以重庆市 2021 年下半年市属事业单位公开招聘的考试大纲为例。综合基础知识试卷总分 100 分，考试时间 90 分钟，主要为客观性试题，采取闭卷笔答方式；题型包括单项选择题、多项选择题、判断题等类型；考试内容涉及政治、法律、经济、公文写作、道德、国情市情、时事常识以及事业单位人事管理政策法规等方面知识，并分为综合基础知识（教育类）、综合基础知识、管理综合知识等几种具体类型。

2022 年 2 月，国家人力资源和社会保障部人事考试中心研究制订了《事业单位公开招聘分类考试公共科目笔试考试大纲》（以下简称《大纲》），为各地区事业单位公开招聘新进人员提供了指导。《大纲》明确了我国事业单位公开招聘的笔试按综合管理类（A 类）、社会科学专技类（B 类）、自然科学专技类（C 类）、中小学教师类（D 类）和医疗卫生类（E 类）等五个类别分别进行，公共科目均为职业能力倾向测验和综合应用能力，分值皆为 150 分。其中，职业能力倾向测验通常包括常识判断、言语理解与表达、数量关系、判断推理、资料分析等 5 类主题，在题型上向公务员考试的行政职业能力测验靠拢；综合应用能力则更接近不同职位类别的应用场景。

【拓展阅读 4-10】
《事业单位公开招聘分类考试公共科目笔试考试大纲》（2022 年版）

以下是 2023 年 3 月重庆市属联考事业单位 D 类中小学教师岗职业能力倾向测验试卷的部分题目。

1. 以下以三国故事为题材的京剧剧目与主要人物对应正确的是（   ）。
A. 《火烧新野》——周瑜　　　　　 B. 《横槊赋诗》——曹植
C. 《白门楼》——董卓　　　　　　 D. 《荐诸葛》——徐庶

2. 宋韵文化的重要内涵是_____，如词曲、评话、杂剧、皮影戏等中国传统大众文艺，均出现于宋代。不离烟火气，这是中华美学精神的独特韵味，它不把"文艺范"置于高雅的"云端"，而强调世俗生活中自有真谛，知者自知，不待外求。填入画横线部分最恰当的一项是（   ）。
A. 下里巴人　　　 B. 曲高和寡　　　 C. 随俗雅化　　　 D. 雅俗共赏

3. 网店销售 A 和 B 两种商品，A 商品的定价是 B 商品的一半，单件销售利润是 B 商品的 80%。现 A、B 两种商品均打八折出售，销售单件 A 和单件 B 的利润分别变为 72 元和 54 元。问 A 商品的成本比 B 商品低多少元？（　　）

A. 150 　　　　　B. 180 　　　　　C. 210 　　　　　D. 240

可以看出，这些题目与公务员考试中的"常识判断""言语理解与表达""数量关系"等题目相似度较高。

以下是同期事业单位考试笔试综合应用能力（小学）科目试卷的一个题目。

教育方案设计题：

这段时间，我看到平时活泼的小张同学变得闷闷不乐，下课也不出去玩，总是垂头丧气的，一个人坐在座位上，眼巴巴地看着同学们。这天下课，我走到小张身边，关切地问："你怎么不和同学们玩呢？"小张神情委屈，憋着不说话，眼睛红红的。

上课铃声响了，我正组织大家做练习题，发现小梅和小文在传纸条，我走过去悄悄没收了，展开一看，"反张团"几个大字赫然在目。仔细一看，纸上写着："我保证加入'反张团'，听小梅指挥，保证不跟小张一起玩耍，谁违反这条规定，其他人就不跟他玩。"原来，这是同学们在拉小团伙，写的一张保证书。他们要孤立小张，有七八个孩子在上面签名，并且大部分孩子还按了手印。

作为五年级的班主任，我还是第一次遇到这样的问题，我该怎么办呢？

假如你是该班的班主任，请根据上述案例描述的主要问题，设计一个指导同学交往的教育活动方案。要求完成以下具体任务：

1. 拟定活动的主题。要求：主题鲜明，不超过 25 字。

2. 阐述活动的设计依据。要求：合理清晰，表达简洁，不超过 100 字。

3. 写出活动的目标、内容与过程。要求：目标明确，内容充实，措施得当，具有针对性和可操作性，不超过 600 字。

可以看出，作为考查 D 类中小学教师岗位应用能力的试题，它更加聚焦中小学教师的真实工作场景，力求考查应试者在典型职业场景中的综合应对能力。

（四）能力测试的应试策略

一要深刻理解能力测试与专业测试的差异。能力测试主要考查应试者的一般智力水平或在特殊职业领域的能力和潜能，与经过一段时间训练即可获得的技能不同，个人的能力素质并非能在短期内明显进步；同时，由于这类测试在题目类型、答题方式、评价依据上都与大学生较为熟悉的学业成就测验不同，如果没有在考前进行专门的了解，大学生可能会不清楚如何答题。因此，大学生应通过专门的测评类书籍或网络提前了解测试题型，做到心中有数，掌握答题技巧，这样可进一步提升完成上述测试的效率和质量。

二要注意一般能力测试和特殊职业能力测试的差异。一般能力测试的通用程度较高，无论是公务员考试、事业单位考试还是企业组织的一般能力测试，考核内容都具有一定的相似性；但特殊能力考试则与招聘岗位所需的特殊能力有关，往往属于专业测试的一部分。大家可以参考第二节中专业测试的应试策略。

三要注意复习考试技巧。公务员考试、事业单位考试等受欢迎程度较高的选拔考试，往往报考人数多，竞争压力大；如果不能吃透考试政策，缺乏相应的应试复习技巧，可能在笔试中就被刷下来了。因此，希望报考这类考试的同学，密切关注人社部门近年来发布的报考须知或考试大纲，解读当年笔试的新要求或重点方向；同时，搜集由权威机构整理出版的模拟题或真题进行练习，聆听公招考试讲座，主动向前辈请教应试技巧，还可结合自身情况购买一些公招培训机构的课程等。此外，这类考试权威性较高，涉及面较广，不会因为个人原因更改考试规则；还要特别注意这类考试各关键环节的时间和要求，按要求完成相关程序。

二、心理测试

（一）心理测试概述

心理测试主要是考查求职者内因的心理素质，如人格特质、角色意识、工作态度、团队合作等素质等。用人单位希望通过此项测试，选拔出能力强、潜力大、心理健全的求职者。

（二）常见心理测试类型

1. 人格测试

人格测试也称个性测试，是指通过量表或其他方式对个体的人格类型或特质进行测量，以评估人格特征的方式。常用人格测试工具有艾森克人格问卷 (EPQ)、卡特尔 16 因素人格测验 (16PF)、迈尔斯 - 布里格斯性格测验、"大五"人格测验等。

(1) 卡特尔 16 种人格测验。卡特尔 16 种人格测验又称 16pf 测试，是由美国心理学家卡特尔编制的一种特质型的人格检测问卷，有多个版本，适用于 16 岁以上的人群。我国目前通用的版本，是由美籍华人刘永和博士与美国伊利诺伊大学的梅瑞狄斯博士合作修订的版本。该测验通过 16 个因素来描述个体的人格特征，这些因素分别是乐群性、聪慧性、稳定性、恃强性、兴奋性、有恒性、敢为性、敏感性、怀疑性、幻想性、世故性、忧虑性、实验性、独立性、自律性、紧张性。

卡特尔 16 种人格测验举例：

1. 有度假机会时，我宁愿（　　）。
A. 到一个繁华的城市去旅游
B. 到清静的山区去游览
C. 介乎 A 与 B 之间
2. 我有足够的能力应付困难。（　　）
A. 是的　　　　　　　B. 不一定　　　　　　　C. 不是的
3. 即使是关在铁笼内的猛兽，我见了也会惴惴不安。（　　）
A. 是的　　　　　　　B. 不一定　　　　　　　C. 不是的

（2）迈尔斯-布里格斯性格测验。迈尔斯-布里格斯性格测验又称MBTI职业性格测验，是目前非常流行的职业人格测试工具之一，由伊莎贝尔·迈尔斯和凯瑟琳·布里格斯共同开发。该测验尝试从"与世界交流的方式""信息收集的方式""决策方式""行动风格"等四个关键维度，将人格分为"四维、八度、16种"类型，每一种类型都对应着不同的人格特征。该测验是迫选式的自我报告式的人格测验，有多种版本。同学们可通过教育部学信网的"学职平台"体验该测验。

（3）"大五"人格测验。"大五"人格测验是经由几代心理学家持续努力，逐渐形成的人格测试工具，也是目前世界上应用广泛的人格测试工具之一，具有广泛的跨文化适应性。该测验从外向性、责任心、开放性、宜人性、情绪稳定性等五个大的维度来对人格特征进行评估，故称"大五"人格测验；每个大的维度下又包含了若干小维度。同学们可通过教育部学信网的"学职平台"或一些专门的人格测试网站体验该测验。

"大五"人格测验举例：

请不假思索地完成下列题项，呈现真实的自己，而非期待的样子；尽量避免中立的答案。

1. 一旦确定了目标，我会坚定努力地实现它						
完全不符合	6	5	4	3	2	1	完全符合
2. 我觉得大部分人基本上是心怀善意的						
完全不符合	6	5	4	3	2	1	完全符合
3. 我头脑中经常充满生动的画面						
完全不符合	6	5	4	3	2	1	完全符合

【拓展阅读4-11】
做一做"大五"
人格测验

（4）其他小众人格测试。除了上述传统经典的人格测验，各类企事业单位还会结合组织文化和岗位所需特殊人格特质，在人员招聘时使用一些特殊的人格测验，如主动性人格测试、竞争-合作倾向测试等。同学们可通过教育部学信网的"学职平台"体验更多测试。

2. 职业兴趣测试

霍兰德职业兴趣测试是由美国心理学家霍兰德在大量职业咨询经验及理论探索基础上编制的测评工具。霍兰德认为，个人职业兴趣特性与职业之间应有一种内在的对应关系。根据兴趣的不同，人格可分为研究型、艺术型、社会型、企业型、传统型、现实型六个维度，每个人的人格都是这六个维度的不同程度组合。同学们可通过教育部学信网的"学职平台"体验该测试。

3. 职业价值观测试

职业价值观是指人们在职业选择和发展中的价值偏好，各类企事业单位可通过评估求职者的职业价值观特征，来了解其能否适应企业的组织文化及岗位需求。尽管价值观本身可能会受时代和社会文化的影响，使得不同历史时期的人们在职业价值观特征上存在较大差异，但我们仍然可以通过一些方式，对个体身上一些较为稳定的职业价值观特征进行评估。比如，"职业锚"测试就是一种典型的、能够对个体职业价值进行评估的测试。

所谓职业锚又称职业系留点，是人们在选择和发展职业时所围绕的中心；或者说，是当一个人不得不作出某种职业选择时，无论如何都不愿放弃的至关重要的东西或价值观。美国职业指导专家施恩以斯隆管理学院的 44 名 MBA 毕业生为对象开发了"职业锚"测试，将职业锚分为技术型、管理型、独立型、稳定型、创业型、服务型、挑战型、生活型等 8 种核心职业价值观。除"职业锚"测试外，同学们还可通过教育部学信网的"学职平台"体验其他职业价值观测试。

【拓展阅读 4-12】
做一做"职业锚"测试

（三）心理测试的应试策略

首先，应合理看待心理测试在岗位招聘中的作用。尽管心理测试有分数，但该分数并不反映个人的职业能力，而是职业或岗位匹配性的参考值。招聘单位开展心理测试的最终目的，是了解你的性格特征、兴趣倾向或价值观倾向是否能适应组织文化和岗位工作需要，如果职业性格测评没有通过，说明你可能不适合这个岗位，这并不是坏事。因此，对求职者而言，最好是如实进行心理测试。一些心理测试中可能包含测谎题，虚假填写可能会弄巧成拙。

其次，应主动了解和掌握心理测试的形式及规律。各类企事业单位在运用人格测试作为人才选拔策略时，可以直接运用传统的经典人格测试，也可以结合招聘岗位的具体工作情景，设置一些具有内隐性质的人格测试题目。因此，求职者不能仅限于对常规的、经典人格测试有所了解，还应充分结合岗位胜任力对性格、态度、动机等方面素质的要求，去进行具有内隐性质的心理测试。

再次，应主动进行阶段性的职业心理评估。一个人的职业心理特征可能随时间的推移和职业发展发生改变；持续、主动地进行职业心理评估，有助于我们在每个职业发展阶段对自己的职业兴趣、性格、职业价值取向等有更多的了解和认知，也有助于我们进行理性的职业决策和科学规划。

最后，应注重在日常生活中保持良好的身心健康状况。大学期间的学业、实践、生活会让我们的角色更加丰富，也会带来相应的压力；与此同时，关于职业的探索和成长过程充满了未知和挑战，很多同学在此期间不断思考"我是谁""我想成为什么样的人""如何成为这样的人"等一系列问题，一些同学会"豁然开朗"，另一些同学则可能"感到迷茫"。因此，不仅要学会职业探索的方法，让自己的职业规划更加科学合理，少走"弯"路；还要养成良好的饮食、作息和锻炼习惯，进行人际交往，寻求多种社会支持等，努力让自己处于良好的身心状态。这样，心理测试也就不难"通关"了。

···· 模拟实训 ····

首先，请班上每一位同学列出2~3项最希望从事的目标岗位；写好后，对全班同学的目标岗位类型进行汇总，合并相似度较高的岗位。在尽可能尊重每个人岗位意愿的前提下，将全班分成6~8个小组，以小组为单位开展下面的活动。

(1) 每个小组围绕一种岗位，尝试分析该岗位的胜任力特征模型。

(2) 如果该岗位的招聘环节中有笔试一环，请结合上面的胜任力特征模型，分析该岗位的笔试中可能会考核的专业知识技能领域、心理素质或能力素质领域，以及考核的方式和选拔的标准。

(3) 预测一下，如果现在申请该岗位，自己在笔试中可能表现如何？如果一年后申请该岗位，自己的表现又会怎么样？是什么原因使得两次的表现不同？自己需要在这一年中采取哪些行动？

(4) 在小组内和班上分享活动后的体会。

···· 本章小结 ····

本章介绍了笔试的基本类型、特征、评价依据及一般应试技巧，并从专业测试、能力测试和心理测试的角度，分别介绍了几种笔试的常见类型、测试要点、获取渠道及应对策略；梳理了近年来公务员考试、事业单位考试等受关注较大的人才选拔考试的政策变化。作为招聘选拔中的重要一环，笔试对选拔结果影响甚大。要想在笔试中顺利"通关"，不仅需要建立敏锐的岗位胜任力意识，还需参考岗位的招聘选拔要求，做好专业知识和能力积累，培养相应的心理素质，通过有针对性的练习不断提升笔试应试技巧。

···· 课后练习 ····

一、简答题

1. 什么是笔试？它在招聘选拔中的作用是什么？
2. 常见的笔试类型有哪些？
3. 哪些渠道可帮助我们获得更准确的职业资格考试信息？
4. 哪些渠道可帮助我们科学评估自己的能力或心理素质特征？
5. 如何准确获悉目标城市的公务员考试或事业单位考试相关要求？

6. 你所学的专业需要通过哪些科目的笔试才能达成毕业要求？

7. 如何结合我们期待的目标岗位，做好专业测试、能力测试或心理测试的准备？

8. 从你的兴趣偏好和能力优势出发，你认为可考虑考取哪些方面的职业资格证书或职业技能证书？

二、论述题

请结合你所学的专业及未来职业发展目标，制订一个以一年为周期的职业技能学习、考证、实习实训行动方案，尽可能保证它的合理性和可操作性，并说明你需要采取哪些措施来促成该方案有效达成。

第五章 ▶▶▷

面试基础与求职礼仪

1. 理解面试基本概念：明确面试的含义，掌握面试的类型、流程以及相关准备工作。

2. 掌握面试要点：熟悉面试的注意事项，分析常见问题并掌握应对方法。

3. 了解礼仪相关知识：熟悉礼仪与求职礼仪的定义，了解礼仪的特点、职能及作用。

4. 精通求职面试礼仪：掌握求职面试中的着装礼仪和姿态礼仪，确保形象得体。

5. 重视个人形象塑造：明确个人形象塑造对职业素养呈现的重要性，特别是大学生在校期间行为习惯的养成对未来职业发展的深远影响。

思维导图

第一节　面试

面试是一种经过精心设计的评估活动，通常在特定场合下进行，主要通过面试官与求职者的面对面交谈与观察来进行。它旨在从表面到深层次地评估求职者的知识、能力和经验等相关素质。面试为用人单位和求职者提供了双向交流的机会，使双方能够更好地相互了解，从而更准确地作出聘用与否、受聘与否的决定。

一、面试的标准化程度

根据面试的标准化程度，面试可以分为结构化面试、半结构化面试和非结构化面试三种类型，具体如下。

（一）结构化面试

结构化面试是一种高度标准化的面试形式，其在面试题目、实施程序、评价标准和面试官构成等方面都有明确且统一的规范。这种面试形式最为正式，如公务员考试面试就属于结构化面试。结构化面试的"结构化"体现在以下三个方面：

(1) 面试程序的结构化。面试分为起始阶段、核心阶段和收尾阶段，每个阶段面试官需要完成的任务、注意事项以及要达成的目标，都在面试前进行了详细策划。

(2) 面试试题的结构化。面试官需要考查求职者的各项素质，围绕这些考查点设计好具体问题、提问的时间、方式等。

(3) 面试结果评判的结构化。从哪些方面评判求职者的面试表现、如何划分等级、如何打分等，都有明确的规定，面试官之间统一标准。

（二）半结构化面试

半结构化面试是一种介于结构化面试和非结构化面试之间的形式，它只对面试的部分因素有统一要求。例如，一部分题目是固定的，而另一部分题目则根据求职者的情况灵活调整；或者题目的第一问是统一的，但后续的追问则更具个性化。

（三）非结构化面试

非结构化面试是一种相对自由的面试形式，对与面试相关的因素不作任何限定，也没有固定的规范。面试过程中，面试官对面试的流程、提问内容、评分角度以及面试结果的处理等，都没有事先精心准备和系统设计。这种面试形式看似随意，类似于日常的非正式交谈，但有经验的面试官能够通过这些看似随意的问题，发现求职者的能力和个性特征。

二、面试人数区分

根据面试人数的多少，面试可以分为单独面试和集体面试两种类型。

（一）单独面试

单独面试是指面试官面对的是一位求职者。这种面试方式目前最为常见，其主要优势在于能够提供一个面对面深入交流的机会，让面试官更全面地了解求职者的个人情况和能力。面试官的数量并不固定，会根据公司的惯例以及录用职位的高低有所不同。

（二）集体面试

集体面试，也称为小组面试，是指面试官同时对多位求职者进行考查。在集体面试中，通常会安排求职者进行小组讨论，要求他们相互协作解决某一问题，或者让求职者轮流担任领导主持会议、发表演说等。这种面试方式主要用于考查求职者的人际沟通能力、洞察与把握环境的能力、领导能力等综合素质。

无领导小组讨论是集体面试中最常见的一种形式。在这种面试中，面试官不会指定召集人，也不会直接参与讨论，而是让求职者自由讨论给定的题目。这些题目通常与拟任工作岗位的专业需求相关，或者是现实生活中的热点问题，具有很强的岗位特殊性、情景逼真性和典型性。在讨论过程中，面试官会坐在与求职者有一定距离的地方，不参与提问或讨论，而是通过观察和倾听对求职者进行评分。

三、面试的场域

根据面试的场景和方式，面试可以分为线下面试和线上面试两大类。

（一）线下面试

线下面试是指在现实场景中组织的面对面交流，通常在统一的时间和空间背景下进行。这种面试方式能够让求职者和面试官直接互动，双方通过肢体语言、表情和眼神交流等方式，更全面地了解彼此。

（二）线上面试

线上面试则借助现代通信技术，打破了空间限制，主要包括以下几种形式：

(1) 电话面试。电话面试是线上面试的常见形式之一，通常用于初步筛选阶段。当实地见面耗时耗力时，企业往往会采用电话面试来快速了解求职者的基本情况。在这种面试中，求职者需要特别注意语音语调的表达，确保语言清晰、语速适中、语气自信，以弥补无法通过肢体语言和表情交流的不足。

(2) 视频面试。视频面试借助视频会议软件（如钉钉、腾讯会议等），让面试者和面试官能够"面对面"交流。这种面试方式不仅节省了时间和成本，还能让双方通过摄像头看到彼此的表情和肢体语言。视频面试中，所有线下面试的技巧（如眼神交流、微笑、坐姿端正等）同样适用。求职者需要提前测试设备，确保网络稳定，摄像头、麦克风和扬声器正常工作，同时保持视频背景整洁，避免干扰。

（3）AI面试。AI面试是近年来随着人工智能技术发展而兴起的一种创新面试方式。它通过人工智能技术对求职者的回答进行分析和评估，通常用于初步筛选阶段。AI面试系统可以根据预设的算法和标准，对求职者的语言表达、逻辑思维、情绪稳定性等进行综合评估。虽然目前AI面试主要应用于筛选阶段，但未来有望通过AI技术进一步优化招聘流程，实现更精准的人岗匹配。求职者在面对AI面试时，需要注意表达的清晰度和逻辑性，同时保持自然的语速和语调，避免因紧张而影响表现。

无论是线下面试还是线上面试，进行多次模拟面试、保持自信、充分准备、展示自己的优势都是成功的关键。

当然，根据面试的目的，面试还可以分为压力性面试和非压力性面试。压力性面试是将求职者置于一种人为的紧张气氛中，让求职者接受诸如挑衅性的、非议性的、刁难性的刺激，以考查其应变能力、压力承受能力、情绪稳定性等。典型的压力性面试，是面试官以穷究不舍的方式连续就某事向求职者发问，且问题刁钻棘手，甚至逼得求职者穷于应付。面试官以此种"压力发问"方式逼迫求职者充分表现出对待难题的机智灵活性、应变能力、思考判断能力、气质性格和修养等方面的素质。

第二节　面试前后的工作

面试前的准备是精准匹配岗位需求的"预热器"，研究企业背景、梳理个人优势、模拟应答场景，能让求职者在面试中展现专业度与适配性，化被动应答为主动沟通。面试后的复盘与跟进是争取机会的"助推器"，及时总结表现细节、优化应答逻辑，通过致谢信传递求职诚意，既能为后续面试积累经验，也可能扭转"待定"局面，将面试成果转化为实质录用机会。

一、面试前需要明确的事项

收到企业邀约面试通知，说明求职者已经进入该企业的招聘流程，这个时候有的人会高兴过头，经常忘了询问一些重要的信息；所以求职者要保持冷静，对面试的事项要了解清楚。

（一）面试时间及地点

一般邀约面试通知会直接电话通知到本人，其中最重要的信息是面试的时间和地点。面试时间要注意是报到时间，还是开始面试时间，一般人力资源管理人员都是通知开始面试的时间。面试地点一定要具体到"哪楼哪个房间"，地址越详细越好。

（二）需要带的材料

一般用人单位会要求求职者带一份个人简历，如果有重要的荣誉证书等也可以带上。记得带上身份证，因为现在一些写字楼会要求访客出示身份证并登记后才能进入，忘带的话则需要人力资源管理人员下来接你。

（三）面试流程

一般的面试流程包括：自我介绍—面试官提问—个人回答—自由分享—面试结束等。求职者可以了解一下面试流程，这有利于做好面试准备。面试官包括人力资源管理人员和用人部门。人力资源管理人员偏重了解个人的职业素养、职业规划等，用人部门偏重考查个人的知识和技能积累。

二、面试前该了解的信息

在面试前深入了解企业和岗位信息，对于提升面试成功率有着至关重要的作用。做一个有心人，不仅能帮助你更好地准备面试，还能让企业在面试中感受到你的诚意和专业性，从而增加对你的好感。那么，面试前需要了解企业和岗位的哪些关键信息呢？

（一）企业背景

企业背景包括企业的成立时间、主营业务、主要项目、取得的业绩、行业内的排名等。一般面试中面试官会询问你对企业是否有所了解，如果你能精准回答这些问题，会为你的面试加分不少。这些信息不仅能帮助你更好地了解企业，还能展现出你对此次面试的重视及认真的态度。

（二）岗位认知

对于应聘岗位，你需要提前了解其工作内容、任职要求及在企业架构中的位置等信息。这需要你对企业整体的组织架构有一定了解，明确应聘岗位在企业中的作用和价值。对于应届毕业生，很多企业可能不会立刻将其安排到具体岗位上，但通常会根据其专业背景对其进行大致的岗位定位。因此，对应聘岗位的深入了解是面试前必不可少的准备工作，否则即使获得了该岗位也不一定能胜任其对应的工作。

三、面试时间安排

面试时间安排非常重要，求职者应该提前到达面试场地，尽量避免迟到，同时做好面试前的状态调整。

（一）面试前到达

求职者需要提早到达面试场地，避免因交通堵塞或者找不到面试场地而迟到。如果到达面试场地的时间尚早，可以先在附近休息一下，等时间差不多再到企业面试场地。

正确的做法是面试前 5~10 分钟到达面试场地这样可以有时间了解一下企业和岗位信息。太早到，企业人力资源管理人员需要提前来接待你。

（二）面试迟到处理

去往面试的途中可能会遇到不可预见的情况，导致迟到。求职者如果遇到此类情况，应立即主动联系企业人力资源管理人员，告知情况并协商解决方案，切忌拖着不告知。企业人力资源管理人员及时了解情况，才能为你重新安排面试时间，但是如果你不及时告知，不仅企业人力资源管理人员帮不了你，还会影响你的面试机会，甚至会对你的信誉产生负面影响。

（三）面试前的状态调整

1. 积极的自我暗示

假如能进行积极的自我暗示，求职者就会充满自信，心境悠然，注意力集中，思维敏捷，可以在面试中积极地表现自我，面试结果常常会符合自己的预期。

2. 系统脱敏法

为了缓解对面试的焦虑与紧张情绪，可以采用系统脱敏法。第一步，认真反思自己的情况，依程度轻重将引起面试焦虑的情境排序。第二步，先从能引起你最轻度焦虑的情境开始想象。尽量逼真地想象当时的各种情境、面试官的表情和自己的内心体验，一旦有身体的紧张反应或内心的焦虑状态出现，便用言语自我暗示"沉着""冷静""停止紧张"，同时进行有规律的深呼吸，尽量放松肌肉，以减弱自身的紧张状态，直至镇定自若。然后想象第二个情境，依次进行训练，最后达到想象最紧张的面试情境时也能够轻松自如。

3. 做好充分的准备

做好充分准备，不仅能帮助你在面试中展现出最佳状态，还能让你在面试前保持良好的身心状态。面试前保持规律的作息时间，避免熬夜，确保有充足的睡眠，良好的睡眠有助于保持清晰的头脑和饱满的精神状态。面试前适度的运动，如散步、瑜伽等，也有助于放松身心，缓解压力。面试不仅是对专业知识和技能的考查，更是对个人综合素质的检验，只有做好充分的准备，调整好身心状态，才能在面试中展现出最好的自己。

四、面试之后的注意事项

一个明智的求职者应当清醒地认识到，面试结束并不意味着求职过程的完结，面试后仍然与用人单位保持联系更能表现出你的进取心，这将使你比其他候选人更胜一筹。因此，求职者在面试后不应该被动地等待录用通知，而应该根据情况选择适当的方式主动、及时地与用人单位联系。面试后一定要做好下面两件事。

（一）及时表达感谢

在求职中，为了加深面试官对你的印象，增大求职成功的可能性，面试者在面试后应采用打电话或写感谢信的方式及时、主动向面试官表示感谢。

1. 电话感谢

面试者在面试后的一两天之内给面试官打个电话表示感谢。电话感谢要简短，最好不要超过 3 分钟，电话里不要询问面试结果。因为这个电话仅仅是为了表现你的礼貌、让对方加深对你的印象而已。

2. 邮件感谢

面试官对求职者的记忆是短暂的，因此，在面试后写一封热情简短的邮件表达对面试官的谢意，会加深面试官对求职者的印象。这或许能够使自己从众多求职者中脱颖而出。在实际生活中，这一步往往是非常容易被忽略的。

（二）适时询问结果

一般情况下，面试官每天面试结束后要进行讨论和投票，然后由人事部门汇总，最后确定录用人选。这个过程可能需要 3~5 天甚至更长的时间，求职者在这一段时间一定要耐心等候消息，切不可到处打听，更不要托人"刺探"，急于求成会适得其反。应当给招聘单位留下足够的考虑时间。如果面试官在面试时明确说了等候回音的大概时段，那么最好等过了这个时间再联系。如果面试官没说明具体等待期，则至少等一星期后再联络。

如果在一个星期内或者招聘单位作决策所需的一段合理时间之内没有得到任何音信，可以打电话给招聘单位或面试官，询问是否已作出了决定，同时要把当时面试时一些重要的观点和意见重述一下。

打电话询问面试结果时一定要注意自己的电话形象。电话形象是人们在通电话的整个过程中语言、声调、内容、态度、时间感等的集合。它能够真实地体现出个人的素质、待人接物的态度。在电话里，同样的一句话，不同的表达方式，会给人以不同的印象：或有礼貌，或显唐突。所以在通话的过程中，自始至终都要尊重自己的通话对象，表现得有礼、有节，树立良好的电话形象。特别是当得知自己没被录用时，也应保持情绪稳定，要冷静地请教未被录用的原因，可以说"对不起，我想请教一下我没有被录用的原因，我好再努力"。谦虚有可能引起对方的好感，而再次给你机会。

需要强调的是，打电话询问面试结果，不要超过三次。因为经过前后三个电话询问的周期，即使再复杂的研究程序也该有结论了，而且三次的电话询问，已足以使对方对你有足够的印象了，如果想录用你就会直接告诉你或及时和你联系。再多打电话，只会适得其反。

第三节　面试的典型问题

　　面试专家曾经研究过出现在面试中的几千个问题，经过归纳汇总发现，面试官的所有问题无非要解决三个核心问题：你能胜任这个工作吗？你愿意从事这个工作吗？你与其他求职者相比如何？故求职者在回答所有问题时请勿忘记面试官的考核目的。下面介绍常见的面试题型。

一、正面问题

　　【例问】简单地介绍一下你自己吧。

　　【分析】对于这类开放型的话题，很多人容易犯信马由缰的毛病。事实上这类问题给了求职者一个尽情展示自己优点的机会。回答时应切中要害，围绕工作技能和职业背景，不谈无关无用的内容；详细阐述符合招聘岗位的个人特质；注意表达条理清晰、层次分明，事先可以文字形式写好，熟练诵读，再临场演绎。

　　【回答范例】我毕业于××大学营销专业，具有较强的沟通能力和销售能力。大四期间曾在一家商业机构担任销售助理，学到了许多关于大客户营销和渠道营销的宝贵知识。我负责维护的两个营销业务区域，业绩半年内同比增长了20%。在这一过程中我学到了如何在压力下进行团队协作解决问题。我希望能利用自己所长为贵公司做出更多业绩。

　　【类似问题】

　　(1) 你为什么申请这个职位？

　　(2) 能告诉我你的三个优点吗？

　　(3) 你认为我们为什么会录用你？

　　(4) 你凭什么认为你适合这个工作？

二、诱导问题

　　【例问】你最喜欢看的综艺节目是什么？

　　【分析】对于此类问题，表面看上去并没有标准答案，你也很难去迎合面试官的喜好。其实求职者喜欢什么并不重要，面试官更关心答案背后的原因是什么。所以回答此类问题时，最好把答案的理由紧扣招聘启事的要求。

　　【回答范例】我目前最喜欢看的综艺节目是安徽卫视的《超级演说家》，在遍地开花的唱歌选秀节目里，这档以语言和文字为主的演讲竞技节目独树一帜。选手都是在生活中有故事、有激情的普通人，他们的不懈努力和公众情怀让我触动。尤其我本人想成为一名培训师，所以每一期选手的表现都给我提供了很多的学习机会。

【类似问题】

(1) 你最崇拜的人是谁?

(2) 你喜欢什么样的老板?

(3) 你觉得你用多少时间能适应这份工作呢?

三、无差别问题

【例问】如果用猫、狼、兔子三种动物来形容你,你觉得自己像什么?

【分析】无差别问题很多都是心理学中的投射问题,其背后的理论依据是外面没有别人,只有"我"自己。你对事物所有的看法,都是你内在对自我印象的投射。此类问题看起来有点不着边际,但是同诱导问题一样,选项并不重要,重要的是你如何去解释选项。故不要漫无边际地选择,应巧妙地与个人特质结合起来,委婉地表达出自己符合招聘需求。

【回答范例】我觉得自己更像猫。猫是一种敏感细腻,且亲和力比较强的动物。我个人的写作能力较强,在网络上发布的各类文章有不少的读者,我觉得自己比较擅长把握社会上的敏感问题写出自己的观点看法,而且能在网络上与别人积极互动,很适合做文字撰写或者编辑工作,所以更符合猫的特质。

【类似问题】

(1) 你喜欢国企还是外企?

(2) 你喜欢在大公司还是小公司工作?

(3) 一个人工作与团体工作,你更喜欢哪一种?

四、消极假设问题

【例问】如果你遇到了愚蠢的客户,你会怎么办?

【分析】消极假设问题是面试官的撒手锏之一,求职者在这个时候务必保持清醒,不要踏入面试陷阱。面试官会预设一个棘手的境况,甚至有意设计出一些陷阱概念,看求职者如何回答。如果碰到此类问题,最好否定消极假设情境,根据招聘信息的软要求阐述自己在实际情况下的处理方案。

【回答范例】在我有限的工作经历中,似乎从来没有碰到过愚蠢的客户,而且我觉得不存在愚蠢的客户,毕竟每个人的情况不同,面对同样问题的反应也不一样。作为一名客服人员,需要换位思考,解决客户碰到的问题。如果是我的经验和能力导致无法妥善解决问题,我想我会求助自己的上级主管,给客户一个满意的答复。

【类似问题】

(1) 如果你和上级之间出现不可调和的矛盾怎么办?

(2) 如果在会议前你丢失了一份重要文件,你怎么办?

(3) 如果到了项目的最后期限,你还没有完成,你怎么办?

五、负面问题

【例问】能陈述你的一次失败经历吗？

【分析】诚实是美德，但是面试也不意味着"坦白从宽"。更不可自作聪明，回答自己没有失败过或没有缺点，一个拒绝自我检讨、骄傲张扬的人会成为团队中非常难管理的成员。建议大家回答此类负面问题时，准备一个失败的案例，请注意将其转化为积极的陈述，比如你从中得到了哪些经验教训。客观理性地分析自己的缺点，阐述时尽量规避自己技能上的弱势，因为这些可以通过学习和练习进行快速改善。不要过多地为失败和缺点找原因，重点阐述自己从中得到了什么，如果能说明自己如何通过努力来改善此类技能，则能化负面问题为正面问题，提升自己的竞争力。

【回答范例】我在大学阶段最失败的一件事是自认为必胜的学院团学联主席竞选失利，虽然以 12 票之差成为副主席，但是我意识到自己的演讲能力有待提升。虽然基础工作做得比较扎实，工作能力也得到了同学们的认可，但是我的竞选演说的逻辑性和感染力都明显不足。所以后来我利用各种公众场合锻炼自己的演讲能力，现在我在演讲时更有自信和感染力，还提升了领导力。我想这均得益于那次惨痛的失败。

【类似问题】

(1) 你能告诉我你有哪些缺点吗？

(2) 让你胜任这份工作，你面对的最大的挑战是什么？

六、用人单位或行业情况

【例问】请问你对本企业了解多少？

【分析】此类问题能否回答好，取决于求职者在面试前对企业和行业的了解程度，如果了解得多，则可以适当多表达，强调该企业在行业中的地位和理念，发展历史及企业文化也是表述重点。如果了解得少，也要实事求是地说明，不要肆意猜测或虚假夸张，以免给面试官留下油滑浮夸的印象。

【回答范例】坦率地讲，我对贵企业的了解不是太多，虽然在网络上搜索过相关信息，但是这样得来的信息毕竟不够具体全面，比较感性。但是我注意到了贵企业绿色环保、以人为本的发展理念，这正是我所信奉和期待的。我相信，在这样理念的引导下，企业和员工能很好地同步发展。

【拓展阅读5-1】
一些面试常见问题
及回答范例

【类似问题】

(1) 你认为业界发展如何？

(2) 我们行业中的其他公司你了解吗？

(3) 我们公司与同类公司的最大区别你了解吗？

第四节　求职礼仪

求职礼仪是求职者个人职业素养的"可视化名片"，通过得体的着装、举止与沟通细节，既能展现对岗位的尊重与自身的专业度，又能传递与企业文化契合的隐性信号，使求职者在竞争中以细节胜出，为求职成功率与职业形象奠基。

一、求职礼仪概述

礼仪是指人们在社会交往活动中形成并共同遵守的行为规范和准则。它是以一定的、约定俗成的程序、方式来表示尊重对方的过程和手段，是在人类历史发展中逐渐形成并积淀下来的一种文化。

求职礼仪是求职者在求职过程中与招聘单位人员接触时应具有的礼貌行为和仪表仪态规范。它通过求职者的语言、举止、仪表等方面体现出求职者的内在素质和外在形象。例如，求职者在求职过程中要诚恳、谦恭、不卑不亢。求职礼仪的培养，应该是内外兼修的。古语说得好：腹有诗书气自华。内在修养修炼是掌握求职礼仪的根本途径。

二、职业化形象塑造

职业化形象塑造，就是通过衣着打扮、言行举止、行为规范等树立起优秀的个人职业形象。职业化形象塑造的核心是构建个人职业品牌。职业化形象塑造应注意的要点如下：

(1) 了解自己的内在心理特质及五官、脸形、体形等外在的优缺点，针对所从事的行业，制订出职业化形象塑造方案。

(2) 塑造职业化形象，要做到仪表仪态符合行业特色、企业文化、办公环境、个人职位、个人特色。不同的职业，对于职业形象的要求是不同的。例如，公务员着装要求稳重、得体，而信息技术工程师的着装相对比较随意。此外，需要了解行业和企业的文化氛围，谈吐和举止要与企业、职业及办公环境要求相契合，与行业要求相契合，使自己的职业形象符合主流趋势。

【拓展阅读5-2】教育部"互联网＋就业指导"公益直播课：职场形象礼仪

三、着装礼仪

（一）男士面试着装礼仪

1. 西装的选择

在现代社会交往活动中，人们普遍认为"西装革履"是现代职业男士的正式礼仪。就求职面试活动而言，穿西装是最为稳妥和安全的。因此，西装成为多数求职者的首选。

(1) 颜色的选择。求职者最好穿深色的西装，灰色、蓝色都是不错的选择，它们给人以稳重、可靠、忠诚、朴实、干练的印象。

(2) 面料的选择。最好选择天然织物做的衣服，因为其质地舒适且有一定的亲和感，形状上有较好的垂坠感；而人造织物的光泽和质地给人一种廉价、漂浮和虚假的感觉。

(3) 不同体形的选择。体形瘦小的人，如果穿着竖排纹的西装，会显得纤细、瘦弱，可考虑图案为格子或人字斜纹的西装，可使身材显得较为丰满、强壮。瘦而高的人，宜穿双排扣西服，面料选择质感较柔软的，不宜选用外形细窄的套装。瘦而矮的人穿西装时，可在胸袋装饰手帕，增加胸部的厚度，还可在内袋装入钱包、笔记本等物品。偏胖的人可穿着深蓝、深灰、深咖啡等色西装，忌米色、银灰等膨胀色，如果是带图案的西装，宜选择竖条纹。西装的款式可选择直线形的，这会显得体形苗条。

2. 衬衫的选择

求职者通常选择不带图案或只有条纹的白色或浅色衬衫。有些深色衬衫与西装明度不同、色系相同，而与皮肤是对比色，是较好的搭配，会显得求职者稳重且时尚。对于花色很明显的衬衫，有些求职者会认为这代表有个性、成功以及自信，但更多人会认为这是炫耀，甚至有点粗俗，应避开这种张扬的衬衫。跟西装一样，衬衫的最理想布料也是天然织物。建议选择那些经过精心缝制、挺括的全棉衬衫。一定要注意保持领口和袖口的整洁。

3. 领带的选择

有面试官说，在与求职者握手时最先关注到领带。它可以使一套昂贵的西装显得廉价，也可以使一套普通的西装显得高档。领带的面料以真丝为宜，需要平整、挺括。领带应当为西装增色，且不能与西装的图案有任何冲突。领带的宽度随衣服款式不同而不同。穿西装时，安全的着装规则就是领带宽度要接近西服翻领的宽度。传统的图案如立体形、条纹、印花等都是可以接受的。要避开带有圆点花纹、图画 (如人物、动物等)、体育形象 (如马球棍和高尔夫球棍等) 以及设计者徽标的领带。领带要打得结实、端正，领带长度以刚好盖住皮带头为宜，过长或过短都不好看。

4. 袜子的选择

确保袜子的长度能使你在叠起双腿时不至于露出皮肤，而且要有足够的弹性，不至于从脚踝上滑下或缩成一团。袜子的颜色应当选择灰或深棕色，不要穿颜色鲜亮或花格纹的袜子。

5. 皮鞋的选择

皮鞋是最容易被忽视又最容易被弄脏的，而皮鞋的整洁与否对能否给面试官留下良好的第一印象起到非常重要的作用。因此，求职者要特别注意保持鞋面整洁、边缘干净，鞋跟要结实，穿系带的皮鞋时一定要检查鞋带是否系好、是否干净。

6. 饰物的选择

(1) 皮夹。一个小巧的皮夹不易使口袋鼓起变形。皮夹里的东西应是必需品，尽量精简。

(2) 手表。手表既是计时工具，也是装饰品。应在你的支付能力范围内选择高质量的并和你的衣服相配的手表。不应戴卡通图鉴造型的休闲手表。

(3) 男士求职者在面试时切忌戴项链、胸针、手镯、耳环等饰物。

【拓展阅读 5-3】
男士的面试形象
要点

(二) 女士面试着装礼仪

1. 服装的选择

女士求职服装一般以西装套裙为宜，这是最常用、最稳妥的着装。不论年龄，一套剪裁合体的西装套裙配上得体的饰物，会使人看起来优雅且自信，给面试官留下良好的印象。应避免选择太紧、太透和太露的衣服，如超短裙或短裤、领口过低的衣服。

女士求职服装的颜色有多种选择。有些女士认为面试时一定要穿黑色套装，但是现在社会已能接受一些较淡雅的颜色。颜色的选择应与行业或职业的特点相适应。

2. 鞋子的选择

女士穿鞋也有学问，总的原则是要和整体相协调，颜色和款式与服装相配。面试时，不要穿长而尖的高跟鞋，中跟鞋是最佳选择，既结实又能体现职业女士的优雅。穿着设计新颖的靴子会显得求职者自信且得体。但穿靴子时，注意裙子的下摆要长于靴子上端。

3. 袜子的选择

注意袜子不能有脱丝。时装设计师普遍认为，女士求职者在穿着套裙时，搭配肉色袜子较为适宜。一般在面试时不宜裸露着双腿。

4. 饰物的选择

(1) 公文包或手提小包带一个即可，不要两个都带。面试场合，有时携带公文包比手提小包显得更职业化。你可以把杂物放进无带小提包，然后把它装进公文包内，但不要塞得鼓鼓的。如果你个子较矮小，包则不宜过大，以免显得不协调。

(2) 戴帽子需谨慎。可以选择一顶既无饰边也不艳丽却很雅致的帽子。在面试场合，戴有面纱的松软宽边的法式帽子会略显浮夸。(如非必要，建议在面试时不戴帽子)

(3) 首饰尽量少戴。应避免几个手指都戴戒指。耳环应当小巧且不引人注目。为了使你感到舒适、注意力集中，戴的耳环不要过长，以免发出叮当的声响或者触及脖颈，甚至挂到衣服上。朴实无华的项链最为适宜，不要戴华丽的人造珠宝。面试时一定不要戴脚镯。总之，戴首饰的重要原则是：少则美。

(4) 眼镜的佩戴会使一些人外表增色，但也可能起到反面效果。尽量选择适合自己的镜框，式样简洁为好。另外，千万不可戴太阳镜（护目镜）去面试，当然更不能戴反光镜。

（5）若季节合适，女士穿着便装和流行时装时配戴一条漂亮的围巾有画龙点睛的妙用。尤其是穿蓝灰色衣服往往会使面部发暗，如果配上一条色彩浓郁、风格热烈的围巾，既就能提色又显气场。但如果穿西服，一般不要配围巾，若一定要配戴，应选择一条小巧的围巾。若围巾搭配不当，会使人显得土气，甚至呆板。

爱美之心人皆有之，但对于求职者而言，服饰除了要符合一般社交场合对服饰的共同要求外，更要注重和突出服饰的职业特点，使着装打扮与应聘的职业相称，形成一种鲜明的职业形象。如果你应聘的职业是教师、工程师、公务员等岗位，打扮就不能过分华丽、时髦，而应该选择庄重、素雅、大方的着装，以显示出稳重、文雅、严谨的职业形象；如果你应聘的职业是导游、公关等岗位，你就可以选择华美、时髦的着装，以表现活泼、热情的职业特点。

【拓展阅读5-4】
女士的面试形象
要点

四、姿态礼仪

（一）站姿的基本要求

古人云"站如松"，站的姿态应该是自然、放松、优美的。不论站立时摆何种姿势，只有手和脚的姿势及角度在变，而躯干一定要保持挺拔。站姿是仪态美的起点，又是发展不同动态美的基础。良好的站姿能衬托出求职者良好的气质和风度。

对求职者而言，站姿的基本要求是挺直、舒展，站得直，立得正，线条优美，精神焕发。其具体要求是：上身正直，头正目平，面带微笑，微收下颌，肩平挺胸，直腰收腹，两臂自然下垂，两腿相靠直立，脚跟靠拢，脚尖可稍微分开。站立时，如有全身不够端正、两脚叉开过大、两脚随意乱动、自由散漫的姿势，都会被看作不雅或失礼。

【拓展阅读5-5】
站姿示例图

（二）坐姿的基本要求

坐姿是仪态的重要内容。良好的坐姿能够传递出求职者自信练达、积极热情的信息，同时能够展示出求职者高雅庄重、尊重他人的良好风范。

1. 坐姿的规范

对求职者而言，坐姿的基本规范是端庄、文雅、得体、大方。具体要求如下：入座时要轻而缓，走到座位前轻轻地坐下，不应发出声响。女士落座前应用双手把裙子向前拢一下。坐下后，上身保持挺直，头部端正，目光平视前方或交谈的面试官。坐稳后，身子一般只占据座位的2/3。两手掌心向下，叠放在两腿之上，两腿自然弯曲，小腿与地面基本垂直，两脚平落地面。男子以两膝打开两拳的距离为宜，女士以两膝、两脚并拢为好。无论哪一种坐姿，都要自然放松，面带微笑。

2. 坐姿禁忌

(1) 两腿叉开过大。不论大腿叉开过大还是小腿叉开过大，都非常不雅。特别是身穿裙装的女士更不要忽略了这一点。

(2) 架腿方式欠妥。落座后将双腿架在一起，不是说绝对不可以，但正确的方式，应当是两条大腿相架，并且一定要使双腿并拢。如果把一条小腿架在另一条大腿上，两腿之间还留出大大的空隙，就显得有些放肆了。

(3) 两腿直伸出去。这样既不雅观也妨碍别人。身前如果有桌子，腿尽量不要伸到桌子外面。

(4) 抖腿。坐在别人面前，不停地抖动或摇晃自己的腿部，不仅会让人心烦意乱，而且会给人以极不安稳的印象。

(5) 脚蹬、踏他物。坐下来后，脚部应放在地上。脚到处乱蹬乱踩，是非常失礼的。

(6) 手乱放。就座后，两手要放在身前，有桌子时放在桌子上。单手、双手放在桌下，或是双肘支在面前的桌子上、夹在两腿间都是不妥当的。

(7) 双手抱在腿上。双手抱腿本是一种惬意、放松的休息姿势，但在正式场合中是失礼的。

【拓展阅读5-6】
坐姿示例图

（三）走姿的基本要求

走姿是站姿的延续动作，是在站姿的基础上展示人的动态美，无论是日常生活还是工作场合中，走路往往是最吸引人注意的体态语言，最能表现一个人的风度和魅力。对求职者而言，走姿的具体要求是：行走时，头部要抬起，目光平视对方，两臂自然下垂，手掌心向内，并以身体为中心前后摆动；上身挺拔，腿部伸直，腰部放松，步幅适度，脚步宜轻且富有弹性和节奏感。

走路时，男性应抬头挺胸，收腹直腰，上体平稳，两肩平齐，目光直视前方，步履稳健大方，显示出男性雄健的阳刚之美；女士应头部端正，目光柔和，平视前方，上体自然挺直，收腹挺胸，两脚靠拢而行，步履匀称自如、轻盈，显示出女性庄重而文雅的温柔之美。需要注意的是，如果同行的有招聘公司的职员，你不要走在他们前面，而应该走在他们的斜后方，距离一米左右。俗话说"此时无声胜有声"，用你无声的、职业化的举止，向招聘者表明"我是最适合的人选"。

【拓展阅读5-7】
走姿示例图

五、面部表情

面试的时候，展现给面试官的应该是有亲和力的表情。表情可以反映出一个人的思想、情感、反应，以及其他各方面的心理活动。所以，我们需要把握好这种语言，努力使自己的表情体现出热情、友好、轻松、自然和自信。

（一）眼神

眼睛是心灵的窗口。眼神能够明显、自然、准确地展示自身的心理活动。学会用眼睛说话，无疑会使你的面试效果更好。

从注视的角度来说，提倡平视（在注视别人时，身体和对方处于相似高度）。因为平视表现出双方地位的平等和本人的不卑不亢。不可以注视对方头顶、胸部、腹部、臀部、大腿、脚部和手部。但有时根据需要，比如在递送材料给面试官的时候，就应该注视对方的手部。特别当对方是异性时，注视一些敏感区域，会引起对方的强烈反感。

和面试官交谈的时候，要保持双方目光的接触，长时间回避对方目光或是左顾右盼，可能会被认为是"心里有鬼"或不感兴趣。但一直目不转睛地盯着对方，也是非常失礼的。要随着话题内容的变换，采用恰当的目光反馈，使整个交谈融洽而和谐。一般和对方目光接触的时间以和对方相处总时间的 1/3 为宜，每次看对方的眼睛 3 秒左右，让人感觉比较自然。

和面试官交谈的时候，应目光有神，这是充满信心的反映，这种目光容易取得对方的信任。双眉紧锁、目光呆滞无神或不敢正视对方，往往会被认为无能或者另有隐情，容易导致不利结果。交谈中当双方都沉默不语时，应该把目光移开，以免对方因为一时没有话题而感到尴尬或不安；当别人说错话的时候，不要正视对方，免得对方误认为是对他的讽刺和嘲笑。想目视对方的时候，要做到把目光柔和地照在别人的脸上，而不是直直注视对方的眼睛或是反复打量对方，以免给对方一种死盯着不放或是不友善的感觉。眨眼一般每分钟 15~20 次，过快可能表示思维活跃或在思索，过慢可能表示轻蔑、厌恶等，有时眨眼也可以表示调皮或不解。如果对方眼球反复转动，往往表示在动心思。"挤眉弄眼"可能表示在向人暗示。所以，不但要观察别人的眼神，也要把握好自己的眼神。

【拓展阅读5-8】
不同目光示例图

（二）微笑

保持微笑的表情，是表示自己真诚、守礼的重要途径。微笑是人良好心境的表现，说明心境平和、心情愉快；微笑是有自信心的表现，说明对自己的魅力和能力抱积极的态度；微笑是内心真诚友善的自然流露，说明内心坦荡；微笑是对工作意义的正确认识，表现出敬业的精神。微笑可以表现出温馨、亲切，能有效地缩短双方的距离，给对方留下美好的心理感受，从而形成融洽的交谈氛围。

发自内心的微笑，会自然调动人的五官：眼睛略微眯起、有神，眉毛上扬并稍弯，鼻翼张开，笑肌收拢，嘴角上翘。做到眼到、眉到、鼻到、肌到、嘴到，才会亲切可人，打动人心。

微笑的时候要精神饱满、神采奕奕，要笑得亲切。这样的笑伴以稳重，伴以文化修养，就能显出气质。微笑是含笑于面部，给人以回味、深刻、包容感。微笑必须注意整体配合。微笑虽然是简单的表情，但要真正地成功运用，除要注意口形外，还要注意面部其他部位的配合。一

【拓展阅读5-9】
不同态度示例图

个人在微笑时，目光应当柔和，两眼略为睁大，眉头自然舒展，眉心微微向上扬起，这就是人们常说的"眉开眼笑"。此外，要避免耸动鼻子和耳朵，可以将下颌自然地回收。

•••• **本章小结** ••••

本章节围绕面试展开，涵盖知识、能力与情感多维度目标。知识层面，明晰面试内涵、类别及流程，掌握面试问题类型与求职礼仪；能力层面，着重培养面试问题分析与应对能力，确保学生能实际运用礼仪提升形象；情感上，强化职业意识与素养，树立求职自信心。内容聚焦面试类别、流程及礼仪要求，难点在于灵活运用礼仪与应对典型问题。整体而言，该章节为大学生求职之路筑牢根基，助力其在面试中脱颖而出。

•••• **课后练习** ••••

1. 为自己设计一份个人"广告"。假设只有你和招聘经理在一部电梯中，从 1 楼到 27 楼的 90 秒时间里，你该怎么介绍自己？

2. 想一想，应对 AI 面试，毕业生可以提前进行怎样的准备。

3. 思考一下大学生如何塑造自己的职业形象。

第六章 ▶▶▷
结构化面试与无领导小组讨论

核心目标

1. 了解结构化面试和无领导小组讨论的面试形式和具体流程。
2. 掌握结构化面试的命题逻辑与不同类型题目的应答思路。
3. 掌握无领导小组讨论的应答策略和备战技巧。
4. 通过对公务员结构化面试题目的学习，了解和掌握国家治理和社会服务方面的理念、原则、政策等相关内容。
5. 通过备考指导，明确在校学习期间品德淬炼和技能提升的关系及重要作用。

思维导图

第一节 结构化面试

结构化面试是指根据特定职位的胜任特征要求，遵循固定的程序，采用专门的题库、评价标准和评价方法，通过考官与求职者面对面的言语交流等方式，评价求职者是否符合招聘岗位要求的人才测评方法。简单来说，结构化面试就是指面试的内容、形式、程序、评分标准及结果等构成要素，遵循统一制定的标准和要求进行的面试。

一、结构化面试的特点

人们对传统非结构化面试的一个评价就是：面试官的提问太随意，想问什么就问什么；面试评价缺少客观依据，想怎么评就怎么评。正因为如此，传统非结构化面试的应用效果不理想，面试结果通常也很难令人信服。而结构化面试正是在克服传统非结构化面试上述缺陷的基础上产生的。在对求职者进行面试的时候，结构化面试一方面保证对求职者的胜任特征进行评估；另一方面采用系统化、结构化的方法来评价求职者在这些胜任特征上的行为表现水平，以便确保选拔的公平性和科学性。而结构化面试兼顾这两方面，因此成为当今最受青睐的面试方法。特别是在公务员考试中，为了确保选拔工作的客观公正，国家规定必须采用严格的结构化面试。

【拓展阅读 6-1】
结构化面试的特点

二、结构化面试的实施流程

结构化面试流程如图 6-1 所示。

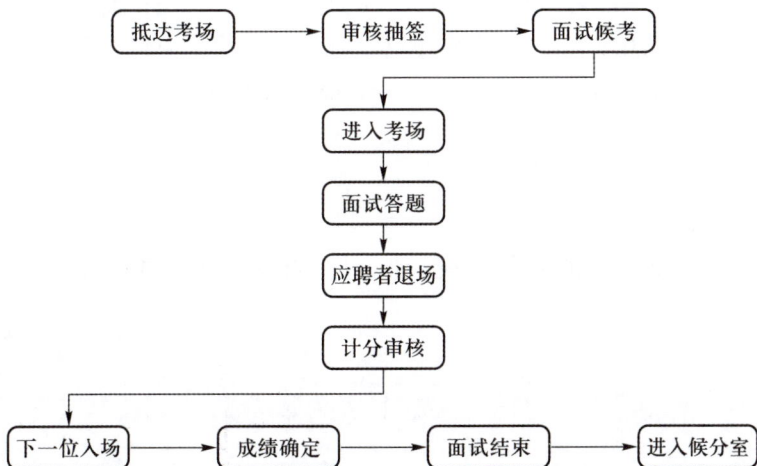

图 6-1 结构化面试流程

下面对结构化面试流程进行择要讲述。

（一）审核抽签

资格审查通过后，一般1~2周内用人单位会通知面试。若面试不在校内进行，应提前查看好路线。若面试地较远，应提前在附近预订好酒店，提前一天把衣服、面试必备材料等准备好，以免过急导致出错。求职者一般需要提前10~30分钟到达指定地点报到，工作人员一般会核对求职者身份证和面试通知书等相关材料。之后，求职者抽签确定分组和进场顺序，有的是先抽分组签，再抽顺序签；有的是同时抽取分组签和顺序签，如"三(1)"表示第三组第1个入场。

（二）面试候考

求职者抽签完毕后进入候考室等待考试。候考室一般分为第一候考室和第二候考室。第一候考室，个人物品交给工作人员保管，可以带简历等资料，应聘者之间可以相互小声交流；第二候考室，仅让即将面试的几位求职者进入，一般是3~5位，有时是让求职者进去安静地调整状态，有时会让求职者看面试材料。面试未结束不准随便离开，有工作人员监督，去卫生间需要工作人员陪同。

（三）进入考场

按照顺序，轮到某求职者入场时，引导员将到候考室宣布"请×号求职者入场"。求职者随同引导员到达考场门口后自行进入考场。进门前，求职者可先整理一下衣服，深呼吸，调整一下心情，也可以做一些伸展运动，缓解紧张情绪；进门时，先敲门，停顿一下再推门进入，并轻轻关好门；走向求职者席时，要精神抖擞，充满自信；站定后，面带微笑，可以向面试官轻轻点头示意，然后问好，得到回应后，坐下。

（四）面试答题

面试官宣布导入语后，面试开始。要特别注意，有的面试要求求职者不能自报姓名，若在考场内自报姓名，求职者会被当场取消面试资格。公务员考试面试中一般有给题本和面试官读题两种形式。求职者不能在给定的题本上标记，桌上有稿纸和笔，求职者可以使用，但不能带走。答题可以提前结束，不一定要把时间用完，但不可以超时，超时会被打断答题。

（五）求职者退场

结束答题后，求职者要把桌面简单整理一下；起身向面试官致谢，然后退场。

【拓展阅读6-2】
结构化面试
评分表

三、结构化面试的命题逻辑

（一）行为性面试

行为性面试(behavioral description interview)也可称为行为描述性面试，即通过深挖求职者在过去特定情境中实际发生了的行为反应来评估其胜任力。一个人的行为模式是相对稳定的，不会在短时间内发生大的变化。也就是说，一个人在过去特定情境中的行为反应，在以后遇到类似的情境时倾向于重复发生。这种面试的主要特点在于其关注求职者过去实际发生过的行为，即在过去的个人经历中，求职者有没有遇到过所要应聘的工作中可能遇到的一些类似情景，以及当时是如何处理的。"过去的行为是未来行为的最好预测指标"是行为性面试的特征，也是结构化面试的设计逻辑之一。

行为性面试关注的是求职者过去的行为，注重能反映相关素质的行为事件。一个完整的行为事件必须包括以下四个要素，即回答行为性面试问题的经典思路——STAR 法则（具体运用参照第三章第二节相关内容）。

（二）情境性面试

情境性面试 (Situational Interview)，就是给求职者创设一个实际情境，面试官通过言语交流并观察求职者的行为表现，评价其是否具有相关的实际能力。情境性面试是对传统面试方式的创新和发展，其最大的特点在于强调在实际情境中去考察求职者，重点关注其在情境中考虑和处理问题的方式，从而使面试评价不再受到求职者口才和外表等无关因素的影响。

情境性面试又可分为背景性面试和工作模拟面试。背景性面试是指通过给求职者创设一个面试背景，使求职者扮演特定的角色，围绕特定的任务去接受面试官的提问，从而可以有效地考查求职者的综合分析能力、逻辑思维能力、解决实际问题的能力等；工作模拟面试是指通过模拟目标职位的典型工作任务情境，让求职者在真实的情境中扮演特定的角色、围绕特定的任务去收集信息和处理信息，并形成文字报告，最后接受面试官的提问，从而有效地考查求职者的相关能力。

【拓展阅读6-3】
公务员结构化面试
测评八大要素

四、结构化面试的典型题目和应对策略

（一）背景动机类

背景动机类题目是各种应聘面试中最常见的题目，面试官询问你的报考动机，是要从你的回答中进一步了解你的价值观念，以及一旦录取后你想做什么工作、怎样工作。这是面试的一个重点。因此，你必须在面试前做好准备。首先应收集一些有关用人单位和应聘职位的资料，并对其加以分析，从而得出一个大概的结论，增强对用人单位的了解，特别是要知道自己希望从事的工作的内容、性质以及任职要求等。

【例问】你为什么要报考公务员？

【评析】考查应聘者求职动机与拟任职位的匹配性。

【思路】直接的问题需要直截了当地回答。对于报考公务员的理由，可以从认识、目的和条件三个方面来回答。

【拓展阅读6-4】
背景动机类问题
例答

(二) 计划组织类

计划组织类题目重点考查求职者的计划、组织、协调能力，也就是为完成一定的工作任务而具有的预先系统地安排工作的素质以及工作过程中合理调配各种资源的素质。它包含了三方面的内容：计划能力、组织能力和协调能力。计划是参照，组织是执行，协调是方法，三种能力对于一项工作或任务来说，缺一不可，互为条件。切实可行的计划、严密的组织实施、科学的协调方法三者配合才能使工作顺利、高效地完成。计划、组织、协调能力是公务员必备的基本素质之一。在公务员结构化面试中，该项能力往往是必考的项目，几乎各地区各部门均会设题对该能力进行考核。

【例问】上级两周后要来检查防火、防盗、防泄密工作，你是本单位这三方面工作的负责人，你怎么安排？

【评析】考查具体工作的安排处理能力及特定身份的把控能力。

【思路】回答应全面，不遗漏主要内容；注重逻辑性和条理性；符合岗位或身份特征。

【拓展阅读 6-5】
计划组织类问题例答

(三) 人际关系类

人际交往是指人与人之间在心理与行为上的互动，它反映了人与人之间在内心、情感方面的全部交往。人们在交往中必定会在情感上产生一定的结果和积淀，而人际关系是指由此形成的相对稳定的情感细节。在实际工作中，工作者要与方方面面的人打交道，是否具有较强的人际关系处理与协调能力，将直接影响到其能否顺利开展工作及能否按质保量地完成工作任务。因此，人际关系处理与协调能力一直是结构化面试重点测评的项目之一。

【例问】领导让你和小王合作完成一项工作，你总是很积极，抢着干活，小王对你很有意见，最后汇总数据时小王的失误导致工作受到严重损失，领导严厉地批评了你们。你怎么办？

【评析】重点考查与上级和同级人际交往的意识与技巧。

【思路】明确关系类型，进行价值判断；分析矛盾原因，阐明解决方法；注重方法技巧。

【拓展阅读 6-6】
人际关系类问题例答

(四) 问题解决类

问题解决类题目通常围绕现实中的问题，让求职者以某种身份或角色去处理和解决问题，重点考查求职者如何提出对策建议和具体执行过程。日常工作中的问题通常包括两种：一种是按照工作章程和既定方法可以完成的任务；另一种是突发、紧急的任务。处理突发紧急问题，能考查求职者在压力大、工作棘手的状态下处理事件的能力。

【例问】假如你在组织一次大型活动时发现某些下属在一些工作上互相推诿，以致工作延误。你认为可以采取什么办法解决这个问题？

【评析】主要考查求职者解决突发问题的管理能力。

【思路】分析问题全面细致，思路清晰严密，解决办法切实可行。

【拓展阅读 6-7】
问题解决类问题例答

（五）综合分析类

综合分析类题目要求求职者对所考察的事物、现象、概念不但能从宏观方面进行总体考虑，而且能从微观方面对其各个组成部分加以分析，并能充分注意总体和部分之间的相互关系及各个部分之间的有机协调组合。综合分析类题目一般体现在社会现象和名言警句等题型之中。近年来也出现了一些比较特殊的体现综合分析能力的题型，诸如漫画类、国家政策类、观点矛盾类题型等。

【例问】谈谈你对行业之间、城乡之间、区域之间的收入差距进一步拉大的看法。

【评析】该题属于综合分析题中的社会现象类题目，主要考查求职者的综合分析能力和认知能力。

【思路】明确问题类型，掌握答题要点；清晰表明观点，理顺阐述逻辑。

【拓展阅读6-8】
综合分析类问题例答

第二节　无领导小组讨论

无领导小组讨论是一种常见的群体面试评估方法，通常用于企事业单位招聘和党政机关选拔等场景。该模式要求 5~8 名求职者在规定时间内，在不指定领导角色的情境下，围绕既定议题进行自由讨论并达成共识。

一、什么是无领导小组讨论

无领导小组讨论 (leaderless group discussion，LGD)，是指运用松散群体讨论的方式，快速诱发人们的特定行为，并通过对这些行为的定性描述、定量分析以及人际比较来判断被评价者素质特征的人事测评方法。简单来说，无领导小组讨论是指将数名求职者组成临时小组，求职者围绕给出的材料及题目，就指定问题发表各自的看法，并通过讨论形成小组的一致意见，完成目标任务的考核方式。在整个讨论过程中，求职者地位平等，没有领导者与被领导者角色之分，可主动发言，推动讨论进程。考官通过观察求职者整场表现，综合判断求职者是否符合岗位需要，并进行评分。

【拓展阅读6-9】
无领导小组讨论观察记录与评分表

二、无领导小组讨论的实施流程

（一）审核抽签

面试当天，求职者到达指定地点，经核验身份、准考证等证件资料后，进行分组抽签。一般无领导小组讨论有两个号：一个是组别号，其决定你和哪些人一组；另一个是个人的顺序号，也就是你在小组中的代号。

（二）面试候考

按照工作人员的要求，求职者要上交手机等电子产品和相关备考资料。在候考过程中，求职者很容易焦虑。所以总体上要注意两个方面：一方面是如何安排候考时间，另一方面是保持较好的候考心态。建议求职者不要去想别的事情，心态要平和，不给自己施加过多的压力，也尽量不要影响和干扰他人。

（三）求职者入场

求职者应听从工作人员的引导，按抽签顺序，排队进场；找到自己的座位号后入座；拉凳子时尽量不要有声响，动作不宜过大；可向考官点头或鞠躬问好；入座后不要有抓头、抖腿等小动作，更不能与周围求职者交头接耳；不要急于翻阅桌面的材料、纸笔，切忌提前用笔准备考题；要严格按照考官的指令操作，等待考试开始。

（四）面试过程

1. 宣读要求

正式开始前，考官会说引导语，重申考场的规则，然后开始正式面试环节。

2. 审题思考

该环节 5~10 分钟。阅读材料的地点可能为考场现场，或面试开始前的候考室。

3. 个人陈述

个人陈述是指求职者根据题目要求进行本人观点说明，作答时间一般为 2~5 分钟。如果考官要求按照序号作答，求职者须依据序号依次作答；如果没有要求，也建议求职者按照序号作答，方便考官记录。

4. 自由讨论

自由讨论是指小组成员围绕指定任务，充分展开讨论。讨论时间由题目决定（通常为30~40 分钟）或由考官视小组人数作出具体规定。

5. 总结陈词

总结陈词是由小组指定人选向考官呈现本组讨论结果。一般情况下要求小组成员达成一致意见，陈述时间一般为 3~5 分钟。目前，总结陈词阶段的设计比较灵活，主要有三种情况：一是不要求总结陈词，二是在自由讨论阶段的结尾自行预留时间进行总结陈词，三是在题目中规定了总结陈词的时间。小组需根据题目具体要求进行相应处理。

6. 求职者退场

退场过程中求职者仍然要保持饱满的精神状态，轻轻起身离开座位，将椅子归位；最后一个离开考场的求职者要轻轻带上房门。

三、无领导小组讨论的题型与应答策略

无领导小组讨论的试题类型比较丰富，包括开放式问题、两难问题、多项选择排序题、资源争夺题、操作性问题等。从近年来的发展趋势看，命题趋向于复合化的题型，也就是同一套试题中会涉及上述 2~3 种题型。

【拓展阅读 6-10】
无领导小组讨论各
流程考查要点与
应对攻略

（一）开放式问题

1. 题型介绍

开放式问题是依据材料设置 1~2 个问题，题目问法往往同结构化面试类似，即要求求职者针对材料中所给事件的原因、对策或工作思路展开讨论，并且最终小组形成一致意见。开放式问题主要考查求职者思考问题时是否全面、是否有针对性、思路是否清晰，是否有新的观点和见解。

2. 题型特点

开放式问题有些是 1 道题，个人陈述、自由讨论环节就 1 道题展开；有些会有 2~3 道题，通常有共同的主题，每道题有对应的材料。开放式问题在个人陈述部分侧重考查求职者综合分析能力，还可能考查其应急应变能力，但考频较低。对组织协调能力的考查出现在自由讨论的第 2 题或第 3 题。

3. 应答策略

对开放式问题，要快速阅读材料，找准关键信息，对材料中的信息要素进行提炼梳理，并将其转换为自己的答题要点。无论在个人陈述还是自由讨论阶段，都应紧紧围绕题目材料反映出的主要内容，聚焦核心问题，进行有条理、有针对性的说明。若材料间有关联，应准确把握和指明其间的逻辑关系进行应答。

4. 例题与解析

【材料】

材料 1："城市名片"除了古建筑外，还应该包括老街区、老字号、名人故居、当地历史人文的内容，这些都代表了我们的城市文化，其中生活习俗也是展现文化的一部分。某位专家说："其实，城市的成立与其论述是有一定关系的。"

材料 2：网络征集保护城市记忆的方案：①制作文化历史电视宣传节目；②组织一次

文化景点实地旅游节；③举办当地特色美食节；④建造城市博物馆；⑤百年老字号推广活动。

材料3：一些东北老工业基地面临一些问题，如老旧机器岁月痕迹重；文化保护并未将工业产品列入保护范围；老工业园区周边环境恶劣，逐渐被忽视遗忘；等等。

【任务】

(1) 就某位专家说的"其实，城市的成立与其论述是有一定关系的"谈一谈你的理解。

(2) 从材料2给定的活动方案中选择一项，并制订出最后的活动方案。

(3) 针对材料3提出振兴老工业基地发展的建议。

【要求】

(1) 本场考试为75分钟(9位求职者)。

(2) 请轮流完成任务1，每人发言时间不超过2分钟。

(3) 请就任务2和任务3进行自由讨论，最后需要达成一致性意见。

【拓展阅读6-11】
开放式问题的解析
与例答

（二）两难问题

1. 题型介绍

两难问题通常围绕一个话题给出两个选项，而且选项往往对立，非A即B，二者只能选其一，属于鱼和熊掌不能兼得的迫选型问题。

2. 题型特点

两难问题两个选项之间没有正误之分，而且不同的人看法会有差异，容易引起充分的争辩与讨论。无论选择哪个答案都不算错，关键是看求职者的个性和分析问题的能力与别人有什么不一样。无论选哪个答案都要有支撑的观点，而且应该是很有说服力的观点。这对求职者提出了很高的要求，能在一定程度上考查求职者的分析能力、语言表达能力及说服力等。

3. 应答策略

两难问题应答前要注重审题，尤其是要明确题目给出的任务要求。一方面要了解清楚话题产生的基本情境与观念争议所在；另一方面要明确题目中规定的考生身份定位。在应答时尽量选择自己内心最认同、自己最熟悉，最能体现应聘岗位需求的观点。思考时，还应预设与自己观点对立一方的立场，在论述自己观点的同时，充分考虑己方观点可能存在的漏洞，以便对方攻击的时候能够有效防范。

4. 例题与解析

【材料】

假设你是市政府信息处的工作人员。信息处的重要职责是将关于本市政治、经济、生活等方面的重要信息每日摘要向市领导呈报。下面有两条信息。

信息一：某居民小区原有一个菜市场，在前一阶段的全市拆除违章建筑大行动中被拆

大学生就业指导与实务（第2版）

除。市政府一直没有重新给菜市场安排场地。这样，该小区的居民就要到距离小区很远的其他菜市场买菜，这给居民尤其是独居老人的生活带来极大的不便。居民呼吁市政府尽快解决该问题。

信息二：本市有一家国有企业，常年亏损，开不出工资。本年年初新领导班子上任后，通过完善内部管理，改变经营思路，半年多时间使企业扭亏为盈，成为本市纳税大户。现在这家企业在银行贷款方面遇到了困难，该企业向市政府请求帮助，这笔贷款关系到这家企业的新项目是否能够投产。

【任务】

由于各种原因，上述两条信息只能报一条给领导。

【要求】

(1) 你认为应该将哪一条信息报给市领导？理由是什么？

(2) 小组各成员发表自己的意见，对于不同的观点进行辩论后得出一个统一的意见。

(3) 选举一位代表，汇报你们小组的意见，并阐述你们作出这种选择的理由。

【拓展阅读 6-12】
两难式问题的解析与例答

（三）多项选择排序题

1. 题型介绍

多项选择排序题通常是让求职者在多种备选答案中选择有效的几种或对备选答案的重要性进行排序。一般可以设计为多选题或排序题两种单一的形式，但"多选 + 排序"的复合题型更能引发不同求职者之间的争辩与讨论，更能充分考查求职者的综合素质。

2. 题型特点

求职者解答多项选择排序题通常包括两个阶段：一是从多个选项中选择指定数目的选项并说明理由；二是按照一定的逻辑对选出的选项进行排序，并通过小组讨论进行充分的沟通交流，确定小组的排列顺序。此类题型并没有一个正确答案。考官从求职者的排序以及求职者陈述的理由来判断求职者的性格、心理等多方面的个性特点。该题型主要考查求职者分析问题实质、抓住问题本质方面的能力。

3. 应答策略

对于多项选择排序题，求职者一定要事先确定排序原则和方法，明确分类标准，进行选项归类，排除干扰选项，而且要注意原则一定要易于理解和把握，这样在陈述观点时才具有说服力。此类试题的备选项较多，需要求职者把握关键环节、关键事务、紧急事件，选择时既要遵循轻重缓急原则，又要把握生命第一原则；既要合情合理，又要合乎法律和政策。

4. 例题与解析 ①

【材料】

广东省 A 市为保护、修复生态环境和生态产品，构建生态保护圈，提出了以下几个绿色发展指标体系：

(1) 森林覆盖率。

(2) 能源使用量。

(3) 土地的农药以及化肥的使用率。

(4) 饮用水质达标率。

(5) 空气质量达标率。

(6) 能源消耗率。

(7) 第三产业占比。

(8) 江河湖泊的检测质量达标率。

(9) 新能源汽车。

(10) 公众对生态环境质量的满意度。

【任务】

任务一：请从 10 项指标中选择最重要的 3 项，并说明理由。

任务二：对 10 项指标进行排序，并按照总分 100 分的标准打分。

【要求】

(1) 提纲准备。认真读题并列提纲，时间 10 分钟。

(2) 个人陈述。按抽签顺序发言，对任务一进行陈述，每人限时 3 分钟。

(3) 自由讨论。对任务二进行自由讨论，最终达成一致意见，总限时 50 分钟。

(4) 总结陈词。按抽签逆序总结，每人限时 2 分钟。

【拓展阅读 6-13】
多项选择排序问题
的解析与例答

(四) 资源争夺题

1. 题型介绍

资源争夺题通过让处于同等地位的求职者就有限的资源进行分配，要求求职者在讨论中尽量多地在合理范围内为自己所代表的事项争取资源，但最终要形成一致性意见。此类题目着重考查求职者的语言表达能力、分析问题能力、概括或总结能力、发言的积极性和反应的灵敏性等，适用于指定角色的无领导小组讨论。

2. 题型特点

资源争夺题可以引起求职者的充分辩论，也有利于考官对求职者的评价，要求求职者既能充分说出自己的理由，又能去说服别人，让别人同意自己的观点。这个过程必然是个

---

① 本题选自 2020 年广东省公务员考试真题。

激烈辩论的过程。此类题目对讨论题的要求较高，即讨论题本身必须具有角色地位的平等性和准备材料的充分性，同时对于求职者或者考官的要求也会更高。

3. 应答策略

资源争夺题在审题阶段要明确需要分配的有限资源类型，如钱、空间、人、机会、平台等；要明确资源分配的目的，从而规划资源分配倾斜的方向；要明确分配资源过程中使用的条件限制，如身份、职权、时间等；讨论过程中要明确选择标准，如重要性、有效性、时效性、科学性、可操作性和人群广泛性等。只有综合考虑各方面因素，主次有序、轻重合理、缓急得当，才能有助于问题解决。

4. 例题与解析

【材料】

有一家广告牌公司，决定 6 月份在城市商业区挂一个公益广告牌，现有 5 个广告牌可供决策。

(1) 环境保护方面的广告牌。

(2) 为贫困山区建希望小学的广告牌。

(3) 远离毒品方面的广告牌。

(4) 宣传城市方面的广告牌。

(5) 招募青年志愿者方面的广告牌。

【任务】

求职者抽签决定自己所选的广告牌，并分别推荐自己所抽中的广告牌，进行讨论后确定最终的选择。

【要求】

(1) 请求职者认真读题，并拟订讨论提纲，时间 5 分钟。

(2) 请求职者按照顺序分别阐述自己的推荐理由，时间为每人 3 分钟。

(3) 依次发言结束后，求职者进行自由讨论，决定所挂广告牌，共 50 分钟。

(4) 选取一名代表进行总结，时间 5 分钟。

【拓展阅读 6-14】
资源争夺型问题的
解析与例答

（五）操作性问题

1. 题型介绍

操作性问题是给求职者一些物资、工具或者道具，让他们利用所给的这些材料，设计出一个指定的物体或完成一项指定任务的实践性题型。该题型主要考查求职者的主动性、合作能力以及在实际操作任务中所充当的角色。

2. 题型特点

操作性问题注重考查求职者的操作行为，其情景模拟成分较多对语言能力的考查较少，要求必须很好地准备所用到的一切物资，而且对场地、材料等的要求较高，对组织实施也有较高的要求。操作性问题在实际面试过程中使用较少，在展示性的比赛中采用较多。

3. 应答策略

操作性问题重点考查行为方式，因此更多体现求职者的综合素质，尤其是团队协作能力、执行力等。在完成任务的过程中，求职者应结合当时的实际情况，既展示主动性，又体现大局观，充分发挥自身所长，或侧重出谋划策，或侧重组织协调，或侧重动手操作，用实际行动推动任务完成。

4. 例题与解析

【材料】

给每个小组一个鸡蛋、一些吸管和胶带，请小组在 20 分钟内想出一个办法，利用这些材料，让鸡蛋从 2 米的高空掉下来而不碎。

【任务】

选出一个人做演示和总结，并请每一个人对自己刚才的表现作总结。

【要求】

成功完成任务，尽量节约资源。

四、无领导小组讨论的备战技巧

（一）角色选择

1. 无领导小组讨论中的主要角色

无领导小组讨论是一项集体共同完成的面试活动。在活动中，每个求职者都应积极参与，无论是自我陈述还是自由讨论，每个求职者的一举一动都是考官评估的内容。在实际的面试过程中，为顺利推动面试活动，总是需要不同的人完成不同的任务，因而形成了不同的角色定位。这些角色定位并不是提前指定或约定好的，需要求职者根据实际情况来合理自我设定。主要的角色有以下几类：

(1) 破冰者(icebreaker)：自由讨论中第一位发言的人。破冰者需要有勇气来打破沉寂，所以适合由性格比较外向的人来担当。

(2) 领导者 (leader)：框架制定者和修正者，负责整个讨论的流程。领导者需要逻辑思维强、表达能力好、时间观念强、组织协调能力优的人来担当。

(3) 时间管理者 (time-keeper)：根据面试总时间来控制整个讨论的时间进程的人。时间管理者适合有坚定的个性、气场，有时间观念的人来担任。

(4) 记录者 (recorder)：负责记录小组讨论结果的人。记录者需要有

【拓展阅读 6-15】
无领导小组讨论中
常见角色特征与
突围攻略

很强的速记能力和逻辑思维能力。

(5) 建议者 (supporter)：提出建设性观点的人。严格意义上来说每个组员都是建议者。如何运用创新思维提出建设性观点，并能让考官注意到你是这个观点的提出者才是关键。

(6) 总结者 (reporter)：相当于辩论当中的结辩手，是对全场每个成员的发言进行汇总，最后用简洁、流畅的语言向考官总结陈词的人。

2. 角色选择的原则

(1) 角色的选择要符合自身的条件。我们知道，角色的扮演是具有一定的风险的，如果扮演不好，那么就会在考官和其他求职者面前暴露自己的缺陷。所以给自己立的人设，一定要符合自身的性格和行为方式，这样才能给人一种相符的印象，才能得到认可。

(2) 角色的选择要考虑同组求职者的实力对比。如果在同一个小组中，大家普遍实力比较弱、发言都不积极，那么不妨考虑挑战一下高难度的角色，比如领导者。而如果在一个小组中，大家实力普遍比较强、发言比较踊跃，那么就可以根据自己的实力在整个小组中的位置，选择一个适合自己的角色。切忌不考虑自己在小组中的位置，就盲目挑战高难度的角色，这样不但很难起到加分的作用，而且会有很高的风险。

(3) 角色的选择还要考虑职位的要求。如果要选拔的是一个领导者，不妨挑战一下领导者这个角色；如果职位对总结归纳能力的要求比较高，不妨挑战一下总结者；如果职位对认真细致方面的素质要求比较高，不妨挑战一下时间控制者角色；如果职位对表达能力要求比较高，不妨发言更积极一些。总之，角色的选择要与职位的要求相匹配。

(二) 讨论注意事项

1. 观点明确，注重交谈技巧

求职者应该有自己的观点和主见，即使与别人意见一致，也可以阐述自己的论据，补充别人发言的不足之处，而不要简单地附和，以免给人留下没主见、没个性，缺乏独立精神，甚至根本就没有自己的观点的印象。讨论过程中，应注意交谈礼仪与技巧。当别人发言时，应该用目光注视对方，认真倾听，不要有下意识的小动作，更不要因对其观点不以为然而显出轻视、不屑一顾的表情。这样既不尊重对方，更会被考官认为涵养不够。对于别人的不同意见，应在其陈述之后，沉着应对，不要感情用事，怒形于色，言语中也不要带刺，保持冷静可以使头脑清晰、思维敏捷，更利于分析对方的观点，阐明自己的见解。要以理服人，尊重对方的意见，不能压制对方发言，不要全面否定别人的观点，应该以探讨、交流的方式在较缓和的气氛中充分表达自己的观点和见解。

2. 人际和谐，发扬团队精神

其实每个人的想法都是差不多的，影响个人是否接受别人观点的首要因素就是人际关系，即他人会先考虑与你的熟悉程度和你的友善程度，彼此的关系越亲密，他人越容易接受你的观点。如果他人认为你们彼此之间是敌对关系，那么对于你的观点他多半会拒绝。所以，我们在充分展现自己才华的时候，不要对队友恶语相向、横加指责或对对方观点无端攻击，否则只会早早出局。试图说服对方时要看好时机，不要在对方情绪激动的时候试图改变他的观点。在情绪激动时，人的情感多于理智，所以要找准时机，找到与对方言语里共同的观点，引申出自己的观点，让对方在一定程度上能感受到他的观点与你的有相同之处，然后在对方对你稍稍放下敌对心理、对方情绪有所放松的时候，你再合理地提出自己的观点，以及很充分的理由。这样，才能在这场心理战斗中取得胜利。

特别要注意的是，自己在发言的时候，要尽量做到论证充分、辩驳有力。小组讨论中，不是谁的嗓门大谁就得高分，考官是借此考查一个人的语言能力、思维能力及业务能力。夸夸其谈、不着边际、胡言乱语的人，只会暴露自己的弊端，在大庭广众下出丑。语不在多而在精，观点鲜明，论证严密，有的放矢，尽量能够一下子说到点子上，这样可以达到一鸣惊人的效果。表达与众不同的意见或反驳别人先前的言论时，不要恶语相加，要做到既能够清楚表达自己的立场，又不令别人难堪。如今的竞争日趋激烈，单凭一个人的智慧很难在竞争中取胜，成功需要大家的共同努力，所以每个单位都很重视合作，不会聘用没有团队意识的人。

3. 风度礼仪，展现素质涵养

当你选择的话题过于专业，或者自己发起的话题不被众人感兴趣，或者对自己的个人私事介绍得过多的时候，可能导致听者疲惫，当听者面露厌倦之意的时候，应当立即止住，最不宜在这个时候我行我素。当有人突然出来反驳自己的时候，不要恼羞成怒，而应心平气和地与之讨论。发现对方有意挑衅时，则可对之不予理睬。

谈话时目光应保持平视。仰视显得谦卑，俯视显得傲慢，均应当避免。在谈话的时候要温文尔雅，不要恶语伤人、讽刺谩骂，不能高声辩论、纠缠不休。以适当的动作加重谈话语气是必要的，但某些不尊重别人的举动不应当出现，如揉眼睛、伸懒腰、挖耳朵、掏鼻孔、摆弄手指、活动手腕、用手指向他人的鼻尖、两手插在衣袋里、看手表、玩弄纽扣、抱着膝盖摇晃等。总之，在言谈中要以礼待人，给予每个人同样的尊重，让考官在细微处感受到你的魅力。

【拓展阅读 6-16】
群体面试指南

本章小结

本章分别介绍了结构化面试和无领导小组讨论两种常见的面试形式。通过流程介绍还原了面试的特点，通过典型题型的介绍和解答思路的分析，为备考应战指明了方向。要注意的是，在实际的备考应战过程中，不能僵化地背诵所谓的标准答案，而应根据实际情况灵活应对。

::::: 课后练习 :::::

一、填空题

1. 结构化面试就是指面试的_____、_____、_____、_____及_____等构成要素，遵循统一制定的标准和要求进行的面试。

2. 回答行为性面试问题的经典思路——STAR 法则包括的四个要素是：_____、_____、_____和_____。

3. 情境性面试又可分为_____和_____。

二、判断题

1. 参加无领导小组面试，入场后可以翻阅桌面的材料，为节约时间，可以提前用笔准备考题。 （ ）

2. 为了给面试官一个好的印象，在无领导小组讨论面试的自由讨论阶段，一定要争当领导者角色，尽情展示自我的领导力。 （ ）

3. 自由讨论时，当有人突然出来反驳自己的时候，要立即严肃回应，维护自己的观点；必要的时候，可对其置之不理。 （ ）

三、简答题

1. 在工作场景中，常见的人际关系类型有哪些？不同人际关系的处理原则有哪些？

2. 结合自身特点，思考一下在无领导小组讨论中你可以胜任什么样的角色。如果这个角色形象被人抢先立住了，你怎么应对？

四、模拟实训

（一）结构化面试

以小组为单位进行模拟训练，小组内每个成员轮流作为求职者，其他成员作为面试官，进行结构化面试演练；正式训练前，每个人准备 3~5 个结构化面试问题；结束后相互点评。

【参考问题】

(1) 为了隆重庆祝中国共产党建党 100 周年，推动党史学习教育取得实效，动员党员干部学史明理、学史增信、学史崇德、学史力行，做到学党史、悟思想、办实事、开新局，我市总工会举办了 2025 年首期"党史大讲堂"活动。如果领导交由你组织，你会如何开展？

(2) 调查数据显示，现在很多"95后"第一份工作的平均在职时间只有 7 个月，远远低于"80后""90后"群体，成为"闪辞"主力军。对于这一现象，你怎么看？

(3) 某公益组织开展了一项爱心冰柜活动，夏季给环卫工人、快递员、外卖员和交警等户外劳动者免费提供冷饮、西瓜等防暑降温食品及物品。这一活动引来无数市民的关注和点赞。作为该公益组织的负责人，你怎样将该公益活动常态化进行下去？

(4) 有一位群众对给他办理业务的人员不满意，称如果不满足他的意愿，他就要向上级机关投诉。如果你是被投诉的这个人的好友兼同事，请问你该怎么办？

(5) 你和小周是同事，领导让你带他工作，他习惯于晚上加班工作，有时晚上也会打电话给你问工作的情况，但是由于家中事务较多，你经常漏接电话，小周对你很有意见，领导批评了你，你怎么办？

(二) 无领导小组讨论

以小组为单位进行模拟训练，每小组分为A、B两队，每队5~8人；A、B两队分别担任求职者和面试官，并相互点评。具体例题如下。

【例题】

假设某银行为A大学提供赞助，总预算为20万元。校方给出了7个方案，具体如下：

(1) 赞助A大学百年校庆。校庆将邀请知名校友参加，需12万元。

(2) 赞助A大学的篮球比赛。A大学篮球队实力较强，曾多次为A大学赢得荣誉。该方案需8万元。

(3) 赞助A大学金融社团。目前该金融社团处于初建状态，前景非常好。该方案需4万元。

(4) 举办一个金融创意大赛。大赛中选出的好想法，某银行可以采纳。该方案需10万元。

(5) 为A大学体育馆维修灯，需4万元。

(6) 为A大学搭建一个实习平台，需2万元。

(7) 提供4万元助学金，用来资助A大学贫困生。

【任务】

请结合材料，选出最重要的3个方案并说明理由。

【要求】

(1) 请认真阅读材料，并准备发言提纲，提纲准备时间3分钟。

(2) 请依次回答问题，每人3分钟。

(3) 请进行自由讨论，最终必须达成一致性意见，并推举一名代表进行总结陈述。讨论时间20分钟，总结发言时间2分钟。

第七章 ▶▶▷

说课与试讲

核心目标

1. 了解教师招聘面试中说课和试讲的概念与原则。
2. 掌握教师招聘面试中说课和试讲的方法与技巧。

思维导图

第一节　说课

说课是 1987 年由河南省新乡市红旗区教研室首次提出来的，作为学校教学实践和教学研究改革的手段，其目的是提高教研活动的实效、课堂教学的效率、教师备课的质量和教师的自身素质。由于实际效果好且可操作性强，说课在全国快速推广，后来发展成为解和考核教师业务水平的重要方式。

说课和试讲是学生在应聘教师的面试考核过程中非常重要的环节，该环节主要考查应聘学生的教师职业素养与教学能力。用人单位非常看重求职者的说课和试讲水平，厚重的教育情怀、扎实的说课与试讲能力是成功应聘的关键。

一、基本概念

说课是指教师备课后，对领导、同行或评委讲解具体课程的教学设想及其依据的一种教研活动，是教师将教材理解、教法学法设计转化为教学活动的一种课前预演，也是教师进行课堂教学研究和提高业务水平的重要途径，还是评估教学水平的有效手段。说课按学科可以分为语文说课、数学说课和音体美说课等，按用途可分为检查性说课、示范性说课、研究性说课和评价性说课等。总的来讲，说课是综合考评教师学科专业知识、教材分析、教学设计、语言表达和教育理论应用等方面能力的有效手段。

二、评价标准

说课的评价标准是教学目标明确具体、教材分析透彻深入、教学方法科学实用、教学对象分析准确和巩固训练明确到位。

（一）教学目标明确具体

(1) 教学的知识、能力和思想教育目标完整、具体和明确。

(2) 确定教学目标的依据充分，教学目标符合课程标准要求、教材内容和学生特点并且能够实现。

（二）教材分析透彻深入

(1) 对所选课题在教材中地位、作用的理解、分析正确，准确把握教材的知识结构和体系。

(2) 教材处理科学合理，教学重点难点确定准确。

(3) 教材分析透彻，重点难点确定的依据充分。

（三）教学方法科学实用

(1) 教学总体设计合理，构思新颖，逻辑严密。

(2) 教学程序设计、教法设计、板书设计科学，能调动学生积极性，能实现培养能力、知识传授和思想教育有机结合，能实现教学目标。

（四）教学对象分析准确

(1) 对学生学习本课程的原有基础和现有困难分析准确。

(2) 采取的教学对策有助于克服学生的学习困难和心理障碍。

(3) 有针对性地采用恰当教学方式提高教学效果。

（五）巩固训练明确到位

(1) 训练目的明确和具体，与本课的教学目标相统一。

(2) 训练题的设计，面向全体学生，体现层次性。

(3) 训练方法得当，有助于学生能力的形成和思维品质的培养。

【拓展阅读7-1】
教师招聘说课面试
评分样表

三、说课内容

说课主要说授课内容（教什么）、教学策略（怎么教）和理论依据（为什么这么教）三个方面，具体包括说设计理念、说教材分析、说教法学法、说教学过程和说板书设计五个环节。

（一）说设计理念

设计理念是教师在课程设计过程中所确立的主导思想，它赋予课程文化内涵和风格特点。设计理念至关重要，是课程的精髓所在，能彰显课程的个性化和专业化，实现与众不同的效果。

（二）说教材分析

说教材分析包括说教材地位、说教学目标和说教学重难点等。

(1) 说教材地位。说教材地位就是具体介绍教材内容的科目、册数、所在单元或章节，主要授课内容与具体知识点，授课内容在教材中的地位、作用和前后的联系，以及这部分内容对应课程标准的要求。

(2) 说教学目标。一般而言，教学目标包括知识、能力和价值观这三个方面的内容。因此，首先要说学生通过学习应了解和掌握的知识，其次说应锻炼和提高的能力，最后说应培养和强化的情感、态度和价值观等。

(3) 说教学重难点。教学重点是指有共性、有重要价值（包括认知价值、迁移价值和情意价值等）的内容。教学难点，就是学生难以理解和掌握的内容。

（三）说教法学法

说教法学法主要包括说学情、说教法和说学法三个方面。

1. 说学情

(1) 介绍学生的知识基础与生活经验。一是介绍学生的"已知"。这里的"已知"是指学生已经具备的、与本节内容相关的知识经验和能力水平等。二是介绍学生的"未知"。它包括学生通过学习应该达成的终极目标中所包含的目前未知知识与技能等。三是介绍学生的"能知"。"能知"就是通过这节课教学，学生能达到什么样的目标要求。四是介绍学生的"想知"。"想知"是指除教学目标规定的要求外，学生还希望学习的其他知识和技能。五是介绍学生的"怎么知"。"怎么知"反映学生是如何进行学习的，它体现学生的认知风格、学习方法和学习习惯等。

(2) 介绍学生的心理和生理发展，包括学生的思维方式、性格、情绪、求知欲和记忆等。比如，小学四年级学生正处在由儿童期向少年期转变的过程中，独立意识开始增强，爱看课外书，对自然现象、社会现象产生兴趣。学生之间在学习上出现了较明显的差距，兴趣爱好也有所分化。而中学阶段的学生，其抽象思维从经验型逐步向理论型成长，观察能力和抽象能力迅速增强，但还是离不开感性经验的支撑。同时，这一阶段的学生好动，注意力易分散，爱发表见解。授课教师应了解和掌握不同阶段学生的心理和生理发展情况与特点。

2. 说教法

(1) 说教学方法。教学方法很多，具体包括：①以语言为主的教学方法，如讲授法、谈话法、讨论法、自学指导法等，一般教师主要选用的是讲授法，讲授法又分为讲述、讲解、讲读和讲演等方法；②以直观感知为主的教学方法，如演示法和参观法等；③以实际训练为主的教学方法，如练习法、实验法和实习作业法等；④以探究为主的教学方法，这是一种在教师的启发指导下，学生借助教材或教师提供的材料，以自己独特的方式认识事物、理解学习材料或探究应得出的结论或规律性认识的方法；⑤以陶冶情操为主的教学方法，如欣赏教学法和情境教学法等。

可以根据不同的教学内容选择相应的教学方法。语文学科常用教学方法有讲解法、创设情境法、引导法、图文结合法、朗读体会法和读书指导法等；数学学科常用教学方法有教授演示法（空间与图形）、启发式教学法、讲练结合法和类比法等；英语学科常用教学方法有创设情境法、任务教学法和全身反应教学法（演示、卡片、图画、游戏、比赛）等；历史学科常用教学方法有阅读讲解法、读图分析法、讨论归纳法和联系对比法等；地理学科常用教学方法有读图分析法、讲授法和比较法等；政治学科常用教学方法有创设情境法、启发式教学法和讲授法等；物理、化学、生物学科常用教学方法有实验法、探究法、讲授法和练习法等；美术学科常用教学方法有赏析评价法和直观教学法等；音乐学科常用教学方法有演示练习结合法、创设情境法等；体育学科常用教学方法有讲解法、示范法和练习法等；信息技术学科常用教学方法有情境导入法、启发探究法和任务驱动法等。

(2) 说教具学具。教具学具的设计、运用和演示是非常重要的，可以根据需要选择。若教师能设计教具学具，则更能增强对学生学习的吸引力。

(3) 说理论依据。说理论依据主要是介绍教学构想、教学过程 (包括导入、讲解、结束等环节) 和教法设计等方面的内容与依据。

3. 说学法

说学法主要是介绍指导学生选用的学习方法，以及选用该学习方法的特点、依据、目的等。常用的学习方法有练习法、小组讨论法、自主探究法和合作学习法等。

(四) 说教学过程

说教学过程一般包括组织教学、导入新课、讲授新课、课堂小结、布置作业等环节。

(1) 组织教学。组织教学旨在激发学生学习兴趣、调动学生注意力、维持正常的课堂秩序，使教学能顺畅进行。

(2) 导入新课。导入新课旨在创设情境，自然进入新课。导入新课有直接导入、复习导入、歌曲导入、情境导入、诗文导入、谜语歇后语导入、练习导入等方法。

(3) 讲授新课。讲授新课旨在根据学科知识点的教学目标、重点、难点，形成授课的结构思路。讲授新课通常有讲述、讲解、讲读和讲演四种形式，应坚持启发式原则、精通性原则、感染性原则和科学性原则。

(4) 课堂小结。课堂小结旨在强化知识重点和概念，主要包括简单回忆、提示要点、检验结果、巩固应用和拓展延伸五个环节，主要采用自然结尾法、知识延伸法和口诀结尾法等。

(5) 布置作业。作业按不同的标准可以分为不同的类别，可以分为书面作业和口头作业、制作作业和表演作业，也可以分为个人作业、小组作业和全班作业，还可以分为必做作业、选做作业 (分层作业)。布置作业要遵循针对性原则、系统性原则、灵活性原则、趣味性原则和层次性原则。教师要根据学生的学习情况和能力状况布置适量的作业，原则上不通过手机布置作业，不给家长布置作业。

(五) 说板书设计

板书是教师以教学内容为素材、以教学目标为依据，在黑板上、投影板上 (或用计算机课件)，用书写文字、符号或绘图等方式向学生呈现教学内容、分析认识过程，旨在启发学生思维、引导学生理解和帮助学生记忆。板书设计是考核教师课堂教学基本技能的重要环节，也是提高教学质量的有效手段。在多媒体飞速发展的时代，大部分课堂都使用声像俱佳的课件代替了传统的板书。好的板书不仅能反映教师的书写能力，更能展现教师教学思路，激发学生学习兴趣，启发学生思维，丰富学生想象，帮助学生记忆。

1. 板书的形式

板书按照书写形式不同来划分，有文字式、表格式、图表式、模型式等，按结构分，有总分式、对比式、并列式、提示要点式等，按语言运用分，有提纲式、词语式等。板书要有计划性、启发性、条理性和简洁性。板书必须与教师讲解的语言和体态密切配合，教师边讲边写，顺理成章，水到渠成。

2. 板书设计的原则

板书设计需要遵循学科性原则、实用性原则、直观性原则、灵活性原则和艺术性原则等。

(1) 学科性原则。不同学科的知识体系和特点是不同的，试讲板书设计时要充分考虑所试讲学科的特点。

(2) 实用性原则。板书的作用是引领学生按照教师的教学思路去分析、理解问题，让学生掌握知识、构建知识体系，教师要根据实际情况设计不同形式的板书。

(3) 直观性原则。虽然板书是在黑板上完成的书写，但它也与使用多媒体一样，要图文并茂、言简意赅，让学生能通过简单形象的图画，从形象上理解抽象的概念、原理和法则，从整个板书的排列中总结课堂的主要内容与重点内容。

(4) 灵活性原则。教师要预测课堂上可能出现的多种情形，根据不同的情形预先设计不同的板书。在实际授课中，教师要随着教学的实际情况变化而灵活应对。

(5) 艺术性原则。板书集科学性、实用性和艺术性于一体，板书的设计需要体现艺术性的特点，将教师的教学思路体现在课堂中。

四、说课案例

此处列举了部分课程的说课案例，请扫描二维码阅读详细内容。

| 【拓展阅读7-2】 说课案例：小学语文《赵州桥》 | 【拓展阅读7-3】 说课案例：小学语文《爬山虎的脚》第二课时 | 【拓展阅读7-4】 说课案例：小学数学"三角形的面积" | 【拓展阅读7-5】 说课案例：小学数学"认识立体图形" | 【拓展阅读7-6】 说课案例：小学英语 Whose dog is it？ |

| 【拓展阅读7-7】 说课案例：小学英语 Let's play football？ | 【拓展阅读7-8】 说课案例：小学科学"神奇的纸" | 【拓展阅读7-9】 说课案例：小学音乐《剪羊毛》 | 【拓展阅读7-10】 说课案例：小学音乐《原谅我》 |

【拓展阅读 7-11】
说课案例：
小学美术
"欢快流畅的线"

【拓展阅读 7-12】
说课案例：
小学体育"韵律
组合与游戏"

【拓展阅读 7-13】
说课案例：
幼儿园中班
《夏天的歌》

【拓展阅读 7-14】
说课案例：
幼儿园中班
"创意的发型"

【拓展阅读 7-15】
说课案例：
幼儿园小班
"相同对对碰"

【拓展阅读 7-16】
说课案例：高中物
理"带电粒子在电
场中的运动"

【拓展阅读 7-17】
说课案例：
初中语文
《卖炭翁》

【拓展阅读 7-18】
说课案例：
初中数学
"余角和补角"

第二节 试讲

试讲，即片段教学或模拟教学，是指教师选取一节课或者一节课的部分内容，面对同事、同行或者评委进行现场教学。试讲主要考查教师的教学能力。

一、试讲的特点与流程

（一）试讲的特点

试讲有实践性、完整性、虚拟性和预设性的特点。

(1) 实践性。从本质上说，试讲就是一次教学实践活动，是将教学构想具体化、实践化的过程，要将课堂教学实践与教育教学理论有机结合起来，做到理论与实践的统一。

(2) 完整性。试讲相对而言在内容上是局部的，但教学步骤是完整的，如同平时授课那样实现教学重点和教学难点的突破，达成教学目标，所以试讲的时候也要有清晰且完整的教学步骤实施过程。

(3) 虚拟性。因为试讲与正常的教学活动有所不同，平时教学实践的实施对象是学生，而试讲面对的却是同事、同行，甚至是评委，所以试讲过程中带有浓重的虚拟色彩。

(4) 预设性。由于试讲没有面对真正的学生，学生的发言、学生的行动、师生的交流根本没有办法进行，而片段教学的虚拟性又决定了这些内容是必不可少的，因此教师只有加以预设，才能顺利进行试讲。这就要求教师不但要做到眼中有学生，还要做到心中有课堂，按预设进行有声有色的虚拟教学。

（二）试讲的流程

试讲的流程主要包括组织教学、导入新课、讲授新课、课堂小结和布置作业五个环节，以讲授新课为主，各环节时间可按 1∶3∶30∶3∶3 的比例分配，且这一比例根据总时长和课程需要可适度调整。

二、试讲准备与教学设计

（一）试讲准备

试讲前应做好充分的准备，首先要分析教材、分析学生和确定教学方法，再进行教学设计（撰写教案）。分析教材、分析学生和确定教学方法在本章第一节说课的"说教材分析"和"说教法学法"部分中已详细讲解。要根据对教材和学生的分析情况及教学方法选用情况来进行教学设计。

（二）教学设计

教学设计是教师为实现教学目标，根据课程标准的要求，以课时或课题为单位，对教学内容、教学步骤、教学方法等进行安排和设计的一种适用性教学文书。由于学科和教材的性质、教学目的和课程的类型不同，教学设计可以有不同形式，但应包括以下五个方面：

(1) 确定教学内容，了解作者信息，梳理背景资料。

(2) 明确教学目标，要体现知识、能力、价值观三个层次的育人目标。

(3) 拟订教学准备，包括课件、教具和学具的设计和制作等。

(4) 细化教学过程，组织教学、导入新课、讲授新课、课堂小结和布置作业五个环节都要逐一细化，将教学目标、教学内容、教法学法融为一体，这是设计的重点。

(5) 美化板书设计，板书设计要新颖，一般字不如表，表不如图。

三、试讲技巧

（一）导入技巧

导入是指在教学的起始阶段，教师将学生引入课堂教学情境的一种方式。它可以激发学生学习的兴趣，集中学生的注意力，将学生迅速地带入特定的学习情境之中，使学生一开始就受到强烈的感染，激发学生的求知欲望，启发学生的思维。常用的导入方法有直接导入、直观导入、故事导入、情境导入、复习导入、问题导入、实验导入、悬念导入、观念冲突导入和板书导入等。

1. 直接导入

直接导入是最简单和最常用的一种导入方法，在上课伊始，教师直接阐明学习目标和要求以及本节课的教学内容和教学安排，通过简短的语言叙述、设问等引起学生的关注，使学生迅速进入学习情境。开门见山、直接点题的导入，可以使学生迅速进入主题，节省教学时间。但这种导入把握不好，容易平铺直叙，流于平淡，难以让学生在短时间内集中注意力，还可能造成"导而不入"的情况，效果不尽如人意。

2. 直观导入

直观导入是指教师通过实物、标本、挂图、模型、图表等直观教具，以及幻灯片、音频、视频等媒体对教学内容相关的信息进行演示的一种导入方法。这种导入以强烈的视听效果、逼真的现场感受吸引学生进入学习情境。在课程开始，展示直观教具和媒体内容，为学生提供生动直观的感性材料，能够化抽象为具体，有助于学生加深对所学知识的理解。对于抽象思维能力较差的小学生来说，直观导入效果较好。在直观导入的同时，教师应该不失时机地提问或叙述，为学生指明思考方向。

3. 故事导入

故事导入是指教师利用学生爱听故事、爱听趣闻轶事的心理，通过讲述与教学内容有关的具有科学性、哲理性的故事、寓言、传说等，激发学生兴趣、启迪学生思维，创设情境，引出新课，使学生自觉进行新知识学习的一种导入方法。

4. 情境导入

情境导入是指教师通过音乐、图片、动画、录像或者满怀激情的语言创设新奇、生动、有趣的学习情境，使学生展开丰富的想象，产生如闻其声、如见其形、置身其中、身临其境的感受，从而唤起学生情感上的共鸣，使学生情不自禁地进入学习情境的一种导入方法。情境导入以"情"为纽带，给学生以情感的体验和潜移默化的影响，起到"随风潜入夜，润物细无声"的效果。此外，情境导入还能陶冶学生情操，净化学生的心灵，提高学生的审美情趣和素养。

5. 复习导入

复习导入是指教师通过帮助学生复习与即将学习的新知识有关的旧知识，从中找到新旧知识的联结点，合乎逻辑、顺理成章地引出新知识的一种导入方法。它由已知导向未知，过渡流畅自然，适用于导入前后连贯性和逻辑性较强的知识内容。这种导入方法能够使学生从已知领域自然地进入未知领域，从而使学生回顾旧知识，获取新知识。这里所讲的旧知识不一定是指前一节课的知识，而是指与即将学习的新知识有联系的知识。回顾旧知识应简明扼要，不应占用太多时间，并且教师切勿喧宾夺主，应该尽量让学生自己来复习，以提高学生的参与度。

6. 问题导入

问题导入是指教师提出富有挑战性的问题使学生产生疑虑，引起学生的回忆、联想、思考，从而使学生产生学习和探究欲望的一种导入方法。问题导入的形式多种多样，可以由教师提问，也可以由学生提问；可以单刀直入直接提出问题，也可以从侧面提问设置悬疑。但提出的问题要有一定的难度，以疑激思，使学生的思维尽快活跃起来。

7. 实验导入

实验导入是指教师通过演示生动有趣的实验，引导学生认真观察、积极思考实验中的各种现象，使学生进入学习情境的一种导入方法。实验导入能够有效地吸引学生的注意力，激发学生学习的兴趣和愿望，促进学生仔细观察、积极思考，培养学生科学研究的能力。

8. 悬念导入

悬念导入是指在教学中，设置带有悬念性的问题，营造一种神秘感，从而激起学生的好奇心和求知欲的一种导入方法。利用悬念激发学生的好奇心、引发学生思考、启迪学生思维，往往能收到事半功倍的效果。悬念总是出乎人们意料，或展示矛盾，或使人困惑，令学生想尽快知道究竟，而这种心态正是教学所需要的"愤""悱"状态。创设悬念要恰当适度，应结合教学内容及学生的心理承受能力，不悬则无念可思，太悬则望而不思。只有巧妙适度地创设悬念，才能使学生积极动脑、动手、动口，去思、去探、去说，从而进入良好的学习情境。

9. 观念冲突导入

观念冲突导入是指教师在一开始上课时就针对某一自然或社会现象，向学生呈现相互矛盾的观点，使学生产生激烈的思想冲突，萌发探索事物的强烈愿望的一种导入方法。

10. 板书导入

板书导入是指教师通过富有表现力的板书来使学生集中注意力，调动学生学习的兴趣，揭示教学内容的主题，引导学生进入学习情境的一种导入方法。

（二）讲授技巧

1. 讲述

讲述是指教师用生动形象的语言，对教学内容进行系统叙述或描述，从而让学生理解和掌握知识的讲授方式。按照使用方法，讲述分为概述式讲述、例证式讲述、比喻式讲述、形象式讲述和进程式讲述。

（1）概述式讲述，就是对人、事、物的特征或要素作粗线条的概略介绍，或进行提要性、强调性的叙述。例如，介绍故事梗概，简要说明某个物品的使用方法，等等。

（2）例证式讲述，就是用事实或数据说话，用以调动学生的经验储备，增强说服力。

（3）比喻式讲述，就是当学生的感性经验不足，直接的描述不足以促使学生理解某些抽象的概念或原理时，通过比喻描绘其特征，以此引发学生联想，从而促进理解。

（4）形象式讲述，就是对抽象的叙述，给以具体形象地描绘，激发学生的形象思维，促进学生理解。

(5) 进程式讲述，就是按照事物的发展过程、步骤、操作程序或层次结构，步步推进，条分缕析。例如，讲述某个地域的地理景观、人文特点，或是对历史事件发展过程进行描述。

2. 讲解

讲解是指教师对教材内容进行解释、说明、阐述、论证的讲授方式，通过解释概念含义、说明事理背景、阐述知识本质、论证逻辑关系，达到使学生理解和掌握知识的目的。讲解可以分为解说式讲解、解析式讲解和解答式讲解。

(1) 解说式讲解是运用学生熟悉的事实、事例，引导学生在情境中接触概念，以感知为起点对概念进行理解，或者把已知与未知联系起来，说明事物的本质属性和基本特征。例如，对古文、外语、专业术语进行准确的翻译，对疑难词语给出恰当的解释等。这种方式一般用来讲解无须定量分析的理论知识，多用于文科教学。

(2) 解析式讲解是解释和分析规律、原理和法则，是基础知识教学和基本技巧训练的重要方式之一。它主要有归纳和演绎两种途径。归纳是通过分析事实、经验或实验，抓住共同要素，概括本质属性，综合基本特征，用简练、准确的语言得出结论，再把结论用于实践，解决典型问题，最后对相似的、易混淆的内容进行比较，指明区别和联系。演绎，即首先讲解规律、原理和法则，再举出正反实例，加以应用。

(3) 解答式讲解以解答问题为中心，具有一定的探索性。它通常包括在事实中引出问题，或直接提出问题，明确解决问题的标准，提出解决问题的办法，进行比较、择优进而找出论据，再开展论证，通过逻辑推理得出结果，最后归纳总结。

3. 讲读

讲读是在讲述、讲解的过程中，把阅读材料的内容有机结合起来的一种讲授方式。讲读通常是一边读一边讲，以讲导读，以读助讲，随读指点、阐述、引申、论证或进行评述。这种讲授方法在语文教学中较为常用。讲读可以分为范读评书式讲读、词句串讲式讲读、讨论归纳式讲读、比较对照式讲读和辐射聚合式讲读。

(1) 范读评书式讲读是指一篇课文由教师或学生分段范读，教师在范读过程中加以评述。

(2) 词句串讲式讲读是指教师在讲读课文时，在具体的语言环境下分析文中词句，筛选重点词句并板书。

(3) 讨论归纳式讲读是读课文时教师在容易使学生困惑、起争议的地方，引导学生进行讨论，学生发言后，教师再进行小结。

(4) 比较对照式讲读是读完课文后，教师比较文中的人与人、事与事、物与物，在同中求异或异中求同的过程中讲授知识、指导学生学习。

(5) 辐射聚合式讲读是教师引导学生联系先前学过的文体相同、主题相近、写法相似的课文，对二者进行分析比较、综合概括，找出联系与区别，从而形成知识规律。

4. 讲演

讲演是讲授的最高形式。它要求教师不仅要系统而全面地描述事实、解释道理，而且要通过深入地分析比较、综合概括、推理判断、归纳演绎等抽象思维手段，得出科学的结论，让学生理解和掌握理论知识，形成正确的立场、观点和方法。

（三）提问技巧

提问是教师运用提出问题的方式，促使学生参与学习，了解学生的学习状态，启发学生思维，使学生理解和掌握知识、发展能力的一类教学行为。提问具有利于激发学生的学习兴趣、为学生提供参与机会、促进学生学习、培养学生能力、反馈教学信息和强化课堂教学管理等作用。提问可以分为知识性提问、理解性提问、应用性提问、分析性提问、综合性提问和评价性提问。

1. 知识性提问

知识性提问是考查学生对概念、字、词、公式、法则等基础知识的记忆情况的提问方式，是一种最简单的提问。对于这类提问，学生只需凭记忆回答。一般情况下，学生只是逐字逐句地复述学过的一些内容，不需要自己组织语言。简单的知识性提问限制学生的独立思考，没有给学生表达自己思想的机会。因此，课堂提问不能局限在这一层次上。在知识性提问中，教师通常使用的关键词是"谁""是什么""在哪里""什么时候""有哪些""写出"等。

2. 理解性提问

理解性提问是用来检查学生对已学的知识及技能的理解和掌握情况的提问方式，多用于某个概念、原理讲解之后，或学期课程结束之后。学生要回答这类问题必须对已学过的知识进行回忆、解释、重新组合，对学习材料进行内化处理，组织语言，然后表达出来。因此，理解性提问是较高级的提问。学生通过对事实、概念、规则等进行描述、比较、解释等，研究其本质特征，从而达到对学习内容更深入的理解。在理解性提问中，教师经常使用的关键词是"请你用自己的话叙述""阐述""比较""对照""解释"等。

3. 应用性提问

应用性提问是检查学生把所学概念、规则和原理等知识应用于新的问题情境中解决问题的能力水平的提问方式。在应用性提问中，教师经常使用的关键词是"应用""运用""分类""分辨""选择""举例"等。

4. 分析性提问

分析性提问是要求学生通过分析知识结构，弄清概念之间的关系或者事件的前因后果，最后得出结论的提问方式。学生必须能辨别问题所包含的条件、原因和结果及它们之间的关系。学生仅靠记忆并不能回答这类提问，必须通过认真思考，对材料进行加工、组织，寻找根据，进行解释和鉴别才能解决这类问题。这类提问多用于分析事物的构成要素、事物之间的关系和原理等方面。在分析性提问中，教师经常使用的关键词是"为什么""哪些因素""什么原理""什么关系""得出结论""论证""证明""分析"等。

5. 综合性提问

综合性提问是要求学生发现知识之间的内在联系，并在此基础上使学生把教材内容的概念、规则等重新组合的提问方式。这类提问强调学生对内容的整体性理解和把握，要求学生把原先个别的、分散的内容以创造性方式综合起来进行思考，找出这些内容之间的内在联系，形成一种新的关系，从中得出一定的结论。这种提问方式可以激发学生的想象力和创造力。在综合性提问中，教师经常使用的关键词和句式是"预见""创作""假如……会……""如果……会……""结合……谈……""根据……你能想出……的解决方法""总结"等。

6. 评价性提问

评价性提问是一种要求学生运用准则和标准对观念、作品、方法、资料等作出价值判断，或者进行比较和选择的一种提问方式。这是一种评论性的提问，学生需要运用所学内容和各方面的知识和经验，并融进自己的思想感受和价值观念，进行独立思考，才能回答这类问题。评价性提问要求学生能提出个人的见解，形成自己的价值观，这是最高水平的提问。在评价性提问中，教师经常使用的关键词和句式是"判断""评价""证明""你对……有什么看法"等。

（四）结课技巧

结课是教师在一个教学内容结束或一节课的教学任务完成时，有目的、有计划地归纳总结或重复强调，使学生对所学的新知识、新技能进行及时的巩固、概括、运用，而且把新知识、新技能纳入原有的认知结构，形成新的完整的认知结构，并为以后的教学做好过渡的一类教学行为。结课有巩固强化知识、使其条理化和系统化、实现教学过渡的功能。常用的结课方法有自然结尾法、悬念留疑法、前后照应法、知识延伸法、激发感情法、练习巩固法、激励法、汇报法、比较法和归纳法。

1. 自然结尾法

正所谓"瓜熟蒂落，水到渠成"，教师所讲一堂课的最后一句话落地，下课的铃声正好响起，这便是自然结尾法。这种结课方法要求教师基于课堂教学内容和结构的设计，准确把握课堂教学的进程和时间，以有效地达到预期的结果。

2. 悬念留疑法

叶圣陶说："结尾是文章完了的地方，但结尾最忌的却是真个完了。"悬念留疑法，即结课时留下疑问，激发学生的求知欲，产生"欲知后事如何，且听下回分解"般的悬念效应。

3. 前后照应法

前后照应法指教学结束与起始相呼应，使整个教学过程前后照应的方法。照应的内容包括开头设置的悬念、问题、困难、假设等，是悬念则释疑，是问题则解决，是困难则克服，是假设则证实或证伪。前后照应法使教学表现出更强的逻辑性，让学生豁然开朗、顿开茅塞，同时使学生产生一种"思路遥遥、惊回起点"的喜悦感，有助于增强学生进一步学习的兴趣。

4. 知识延伸法

在一堂有品位的好课中，结课不是学生学习的结束，而是作为一个新的开始，即把结课作为引导学生联系课堂内外的桥梁，让学生把学到的知识和能力在课外进行延伸、扩张、充实，真正培养学生的运用能力。

5. 激发感情法

教师在结课时的语言充满激情，既言简意赅又情深意长，往往能触动学生的心灵，使其情思之弦震颤不已，心潮之澜难以平静，取得发人深省的教学效果。

6. 练习巩固法

练习巩固法是教师通过让学生完成练习、作业的方式结束课堂教学的方法，这是最简单、最常用的一种结课方法。教师通过布置精心设计的练习题，趁热打铁，既使学生巩固所学的知识和技能，又能及时获得课堂教学效果反馈。

7. 激励法

教师的结课充满激情，且以意味深长的话语寄厚望于学生，往往能打开学生的心扉，给学生留下难忘的印象，让课文的内容与学生的现实和未来联系起来，激起学生对未来的憧憬、对理想的追求。

8. 汇报法

汇报法就是在一堂课结束时让学生汇报这堂课的学习收获，培养学生的自我评价能力。让学生自己谈收获，这既能调动学生的积极性，激发学生浓厚学习兴趣，又能使学生回顾本节课所学内容，进一步掌握本节课所学知识。

9. 比较法

比较法是教师对教学内容采用辨析、比较、讨论等方式结束课堂教学的方法，旨在引导学生将新学概念与原有认知结构中的类似概念或对立概念进行分析、比较，既明确它们各自的本质特征，又找出它们之间的内在联系和异同点，使学生对内容的理解更加准确、深刻，记忆更加牢固、清晰。

10. 归纳法

归纳法是教学中常用的结课方法，是在课堂将要结束时，教师、学生或师生共同用非常简洁的语言，提纲挈领地把整节课的重点内容、难点、知识结构、基本原理、基本技能等进行梳理和概括，从而结束课堂教学的一种方式。运用归纳法结课，可以让学生对本堂课所学知识有一个系统、完整的印象，促使学生加深对所学知识的理解和记忆，培养其综合概括能力。运用归纳法，教师的语言应当简洁、严谨，具有启发性和创新性。

四、教学设计案例

此部分列举了部分课程的说课案例，请扫描二维码阅读详细内容。

【拓展阅读 7-19】
教学设计案例：
小学语文
《扁鹊治病》

【拓展阅读 7-20】
教学设计案例：
小学语文
《爬山虎的脚》

【拓展阅读 7-21】
教学设计案例：
小学数学
"小数的加减法"

【拓展阅读 7-22】
教学设计案例：
小学数学"用厘米
作单位量长度"

【拓展阅读 7-23】
教学设计案例：
小学英语 Where
is my car？

【拓展阅读 7-24】
教学设计案例：
小学音乐
《小螺号》

【拓展阅读 7-25】
教学设计案例：
小学音乐
《其多列》

【拓展阅读 7-26】
教学设计案例：
小学体育
"蹲踞式跳远"

【拓展阅读 7-27】
教学设计案例：
小学体育"跳
跃—跳单双圈"

【拓展阅读 7-28】
教学设计案例：
小学美术
"色彩的和谐"

【拓展阅读 7-29】
教学设计案例：
小学美术
"百变团花"

【拓展阅读 7-30】
教学设计案例：
幼儿园中班
"走路"

【拓展阅读 7-31】
教学设计案例：
幼儿园大班
"淀粉的秘密"

【拓展阅读 7-32】
教学设计案例：
幼儿园大班
"公共汽车"

【拓展阅读 7-33】
教学设计案例：
中学语文
《紫藤萝瀑布》

【拓展阅读 7-34】
教学设计案例：中
学语文《十一月四日
风雨大作（其二）》

【拓展阅读 7-35】
教学设计案例：
中学数学 "不等
式与不等式组"

【拓展阅读 7-36】
教学设计案例：
中学英语
What did you do
last weekend?

【拓展阅读 7-37】
教学设计案例：
中学英语 *Foreign Language Teaching and Research Press*

【拓展阅读 7-38】
教学设计案例：
中学道德与法治
"节奏与旋律"

【拓展阅读 7-39】
教学设计案例：
中学历史
"联合国与世界
贸易组织"

模拟实训

1. 根据自己将要竞聘的教师岗位，撰写 3 个说课案例。
2. 根据自己将要竞聘的教师岗位，撰写 3 个教学设计案例。

本章小结

本章主要介绍了教师招聘面试中说课与试讲的概念与技巧。说课是讲解具体的教学设想，主要是说设计理念、说教材分析、说教法学法、说教学过程和说板书设计等，可以考查教师的学科专业知识、教材分析能力、教学设计能力、语言表达能力和对教育理论的实际应用能力等。试讲是片段教学，教师通常会选取一节课的部分教学内容进行教学，主要展示教学能力。试讲前要做好教学设计，试讲时要恰当运用导入技巧、讲授技巧、提问技巧和结课技巧。本章提供了部分说课案例和教学设计案例，可供学生学习参考。

课后练习

1. 说课和试讲都需要了解课程标准，在校大学生应该如何全面掌握将要竞聘的教师岗位所属学科和相应学段的课程标准？
2. 简述说课与试讲的区别与联系，以及如何提高自己的说课和试讲水平。

140

第八章 ▶▶▷

就业政策与流程

第一节　基层项目

国家为引导和鼓励高校毕业生面向基层就业，相继出台了一系列的高校毕业生基层项目。主要包含以下几个方面。

一、大学生志愿服务西部计划

（一）项目介绍

从 2003 年起，团中央、教育部、财政部、人力资源社会保障部根据国务院常务会议和全国高校毕业生就业工作会议精神，联合实施大学生志愿服务西部计划，招募一定数量的普通高等学校应届毕业生或在读研究生，到西部基层开展为期 1~3 年的志愿服务工作，鼓励志愿者服务期满后扎根当地就业创业。根据《2024—2025 年度大学生志愿服务西部计划实施方案》，按照服务内容，大学生志愿服务西部计划分为乡村教育、服务乡村建设、健康乡村、基层青年工作、乡村社会治理、卫国戍边、服务新疆、服务西藏等 8 个专项。

1. 乡村教育专项

专项简介：在乡镇及以下中小学从事教学等基础教育工作；积极开展"互联网＋教育"，推动高校资源参与提升当地学校教育教学水平；积极参与当地县域教育综合改革。本专项包括研究生支教团。

选拔标准：符合西部计划及研究生支教团志愿者选拔标准，师范类专业学生优先。

2. 服务乡村建设专项

专项简介：在乡镇及以下农业、林业、牧业、水利等基层单位参与农业科技与管理、现代农民培育、乡村公共基础设施建设工作；协助开展防止返贫动态监测、农村低收入人口动态监测等巩固脱贫攻坚成果的工作；在新型农业经营主体、农村合作经济、农村电子商务、农村饮水安全、农田水利、生态保护等领域参与相关工作。

选拔标准：符合西部计划志愿者选拔标准，农业、林业、牧业、水利等涉农专业以及资源环境、信息技术、电子商务等专业学生优先。

3. 健康乡村专项

专项简介：在乡镇卫生院、村卫生室等乡村基层医疗卫生机构从事卫生防疫、监测、管理、诊治、关爱乡村医生等工作；在乡村积极开展健康教育宣教活动，倡导科学文明健康的生活方式，养成良好卫生习惯，提升居民文明卫生素质。

选拔标准：符合西部计划志愿者选拔标准，医学类专业学生优先。

4. 基层青年工作专项

专项简介：在县级及以下共青团、青年之家、团属青年社会组织从事团的基层组织建设、基层党务、促进就业创业、预防违法犯罪、志愿服务等青年工作。

选拔标准：符合西部计划志愿者选拔标准，担任过各级团学组织负责人的学生优先。

5. 乡村社会治理专项

专项简介：在乡镇部门单位和乡镇社会工作服务站，围绕养老服务设施、乡村社会稳定、乡村民生改善、乡村养老育幼、乡村人居环境治理、乡村儿童关爱、乡村文化、乡村体育、平安乡村、乡村社区治理、乡村普法宣传等乡村基本公共服务和公共事务开展工作。

选拔标准：符合西部计划志愿者选拔标准，法律、经济、中文、社会工作、行政管理、历史、政治、体育等相关专业学生优先。

6. 卫国戍边专项

专项简介：围绕陆地边境县(市、区、旗)和新疆生产建设兵团边境团场实际需要，助力当地稳边固边、兴边富民工作开展，在县乡基层单位参与民族团结进步教育、党的创新理论宣讲、乡村教育、医疗卫生、乡村产业发展、乡村建设、乡村治理等工作，加强边疆地区基层工作力量。

选拔标准：符合西部计划志愿者选拔标准。师范类、农学类、医学类以及相关理工和人文社会科学类等专业学生优先，担任过各级团学组织负责人的学生优先。

7. 服务新疆专项

专项简介：围绕新疆和兵团经济社会发展需要，在县乡基层单位参与乡村教育、服务乡村建设、健康乡村、基层青年工作、乡村社会治理等工作。

选拔标准：符合西部计划志愿者选拔标准。师范类、农学类、医学类以及相关理工和人文社会科学类等专业学生优先，担任过各级团学组织负责人的学生优先。

8. 服务西藏专项

专项简介：围绕西藏经济社会发展需要，在县乡基层单位参与乡村教育、服务乡村建设、健康乡村、基层青年工作、乡村社会治理等工作。

选拔标准：符合西部计划志愿者选拔标准。师范类、农学类、医学类以及相关理工和人文社会科学类等专业学生优先，担任过各级团学组织负责人的学生优先。

2024—2025年西部计划服务地点包括河北、山西、内蒙古、吉林、黑龙江、安徽、江西、河南、湖北、湖南、广西、海南、重庆、四川、贵州、云南、西藏、陕西、甘肃、青海、宁夏、新疆共22个省(区、市)和新疆生产建设兵团。在西部地区招募的志愿者原则上在本省服务，东中部一个省招募的志愿者主要集中派遣到西部一个省开展服务，同时也会考虑志愿者本人的意愿。

（二）保障待遇

西部计划作为中央举办、地方受益的国家项目，所需经费由中央和地方财政共同承担。中央财政按照西部地区每人每年3万元（南疆四地州、西藏每人每年4万元）、中部地区每人每年2.4万元的标准给予补助（含工作生活补贴、社保等），通过一般性转移支付体制结算方式拨付省级财政部门。地方各级财政统筹中央财政补助资金和自身财力，按月足额发放工作生活补贴，并承担志愿者的社会保险单位缴纳部分（个人缴纳部分从志愿者工作生活补贴中代扣代缴），服务省项目办会按照全国项目办有关要求，购买重大疾病、人身意外伤害等商业保险。

服务2年以上且考核合格的，服务期满后3年内报考硕士研究生，初试总分加10分，同等条件下优先录取；参加西部计划项目前无工作经历的，服务期满且考核合格后2年内（研究生支教团志愿者自研究生毕业时开始计算），在参加机关事业单位考录（招聘）、各类企业吸纳就业、自主创业、落户、升学等方面同等享受应届高校毕业生的相关政策；按规定符合相应条件的，可享受相应的学费补偿和助学贷款代偿政策；服务期满考核合格的，依实际服务年限计算服务期及工龄（参加工作时间按其到基层报到之日起算），并在服务证书和服务鉴定表中体现；服务期满1年且考核合格后，可按规定参加职称评定；出省服务的和在本省服务的志愿者享受同等优惠政策。

（三）报名选拔

毕业生可以关注大学生志愿服务西部计划官方网站、西部志愿汇微信公众号及时了解报名进展情况。全国项目办将委托各省（区、市）项目办与毕业生和其所在学校签订服务协议，明确双方的权利、义务关系。招募工作结束后，一般在8月中旬，将根据毕业生的愿望和服务地的实际需求确定并通知毕业生的具体服务岗位。

【拓展阅读8-1】
大学生志愿服务西部计划志愿故事

二、"三支一扶"

（一）项目介绍

"三支一扶"是指选派高校毕业生到基层从事支教、支农、支医和帮扶乡村振兴的服务项目。2006年，中组部、原人事部等八部门下发《关于组织开展高校毕业生到农村基层从事支教、支农、支医和扶贫工作的通知》（国人部发〔2006〕16号），以公开招募、自愿报名、组织选拔、统一派遣的方式，招募高校应届毕业生，主要安排到乡镇从事农技服务、医疗卫生、教育、劳动社保、文化等事业单位服务，服务期限一般为2~3年。根据《中共中央组织部、人力资源社会保障部等十部门关于实施第四轮高校毕业生"三支一扶"计划的通知》（人社部发〔2021〕32号），决定从2021年至2025年实施第四轮高校毕业生"三支一扶"（支教、支农、支医和帮扶乡村振兴）计划，每年选派3.2万名左右高校毕业生到基层服务。这里以重庆市为例，介绍"三支一扶"相关内容。

（二）保障待遇

根据《中共重庆市委组织部、重庆市人力资源和社会保障局等十一部门关于实施第四轮高校毕业生"三支一扶"计划的通知》（渝人社发〔2022〕24号）文件，2021年至2025年，全市计划统一招募选拔3000名以上普通高校毕业生（含退役士兵中的高校毕业生）到基层从事支教、支农、支医、帮扶乡村振兴服务，服务期为2年（硕士、博士研究生服务期为1年）。

重庆市"三支一扶"人员服务期间享受工作生活补贴、一次性安家费补贴、社会保险等待遇。"三支一扶"人员工作生活补贴标准按照当地乡镇机关或事业单位从高校毕业生中新聘用工作人员试用期满后的工资收入水平确定，并根据物价、同岗位人员待遇水平等动态调整；在艰苦边远地区服务的"三支一扶"人员可享受艰苦边远地区津贴，在乡镇服务的可享受乡镇工作补贴；对新招募且在岗服务满6个月以上的"三支一扶"人员，按照每人3000元标准发放一次性安家费补贴；自报到当月起，"三支一扶"人员按规定参加基本养老保险、基本医疗保险、生育保险、工伤保险、失业保险等5项社会保险及住房公积金。"三支一扶"人员在基层服务年限计算为工龄，其参加工作时间按其到基层报到之日起算。服务期满后，"三支一扶"人员可按规定享受学费补偿和助学贷款代偿政策。

落实公务员定向考录政策，全市每年应拿出公务员考录计划的10%左右，面向"三支一扶"计划等服务基层项目人员定向考录。2021—2027年，各区县（自治县）事业单位公开招聘时，应拿出一定数量岗位对"三支一扶"服务期满且考核合格的人员进行专项招聘，招聘人数原则上不低于当年"三支一扶"计划人员实际招募数的90%，聘用后可以不再约定试用期。服务期满且考核合格的"三支一扶"人员，3年内参加全国硕士研究生招生考试的，初试总分加10分，同等条件下优先录取。已被录取为研究生的应届毕业生参加"三支一扶"计划的，学校应为其保留入学资格。鼓励"三支一扶"人员服务期满后通过多种渠道就业。各区县（自治县）公共就业和人才服务机构应为服务期满自主创业人员提供政策咨询、项目开发、创业培训、创业孵化、小额贷款、跟踪辅导等"一条龙"服务。

（三）报名选拔

重庆市"三支一扶"项目一般于每年4月开始报名工作，毕业生可关注重庆市人力资源和社会保障局发布的招募简章。报考人员应具备招募岗位相关条件，2024年招募简章中规定招募对象为参加全国统一高考并取得普通高校专科及以上学历（学位）毕业生；年龄为18周岁以上、30周岁以下；高校毕业生退役士兵、博士研究生、硕士研究生、已取得中级职称者，年龄可放宽到35周岁以下。考生须于2024年7月31日前取得毕业证书，本科学历毕业生还须同时取得学位证书。研究生学历毕业生须于2024年12月31日前取得学历（学位）证书。

【拓展阅读8-2】"三支一扶"计划典型案例

招募包括网上报名、资格初审、网上缴费、笔试、面试资格审查、面试、体检、考察和公示等流程。由重庆市人力资源和社会保障局公示拟招募人员名单，无问题反映的，将

公布招募人员名单。

其他地区的"三支一扶"人员招募工作，参见各地区的具体文件政策。

三、农村义务教育阶段学校教师特设岗位计划

（一）项目介绍

2006年，教育部、财政部、人事部、中编办联合颁发了《农村义务教育阶段学校教师特设岗位计划实施方案》，决定组织实施"农村义务教育阶段学校教师特设岗位计划"（以下简称"特岗计划"）。通过公开招募高校毕业生到西部"两基"攻坚县县以下农村义务教育阶段学校任教，引导和鼓励高校毕业生从事农村教育工作，逐步解决农村地区师资力量薄弱和结构不合理等问题，提高农村教师队伍的整体素质。

根据《关于做好2024年农村义务教育阶段学校教师特设岗位计划实施工作的通知》（教师厅〔2024〕1号），2024年"特岗计划"实施范围为：原集中连片特殊困难地区、中西部国家扶贫开发工作重点县和省级扶贫开发工作重点县，西部地区原"两基"攻坚县（含新疆生产建设兵团的部分团场），纳入国家西部开发计划的部分中部省份的少数民族自治州以及西部地区一些有特殊困难的边境县、少数民族自治县和少小民族县；2024年全国计划招聘"特岗计划"教师37000名。这里以重庆市为例，介绍特岗教师计划的相关内容。

（二）保障待遇

根据重庆市2024年农村义务教育阶段学校特设岗位计划教师招聘公告，重庆市特岗教师服务期内其工资按时足额发放，按规定参加社会保险，在职称评聘、评先评优、年度考核等方面享受与当地公办学校在编教师同等待遇。3年服务期满、考核合格且愿意留任的特岗教师，参加由区县教育行政部门、人力社保部门按照事业单位公开招聘规定开展的在编教师专项招聘，招聘录用人员，不再约定试用期。

（三）报名选拔

特岗教师招聘对象以高等师范院校和其他全日制普通高校应届本科毕业生为主，年龄要求在30周岁及以下（符合条件的退役军人报考的年龄放宽3周岁）；往届毕业生报名时须取得相应层次及以上相应学科教师资格，应届毕业生2024年7月31日前须取得相应层次及以上相应学科教师资格、报名时提供本人学籍号；参加过"大学生志愿服务西部计划"、有从教经历的志愿者和参加过半年以上实习支教的师范院校毕业生在考试考核总成绩相同情况下按上述顺序排序并优先录用；报名者应同时符合教师资格条件要求和招聘岗位要求。

重庆市特岗教师招聘一般在每年6月开始，经过报名、资格初审、笔试、资格复审、面试、体检、选岗、考察、公示、岗前培训、完善手续、缺额调剂流程完成。

【拓展阅读8-3】"特岗教师"计划典型案例

四、选调生计划

（一）项目介绍

选调生，是各省党委组织部门有计划地从高等院校选调品学兼优的应届大学本科及以上毕业生到基层工作，作为党政领导干部后备人选和县级以上党政机关高素质的工作人员人选进行重点培养的群体的简称。这里以重庆市为例，介绍特岗教师计划的相关内容。

（二）保障待遇

选调生是公务员的一种，录用后直接为公务员编制，享受公务员待遇。根据招聘简章的不同，重庆市选调生可分为集中选调生和定向选调生。

集中选调生由区县（自治县）党委组织部根据工作需要在乡镇（街道）统筹分配，并按规定办理公务员录用手续；新录用人员试用期1年，试用期满且考核合格后，办理公务员任职定级手续；选调生录用后到村任职2年时间，期满后，可参加上级机关公务员公开遴选；对工作表现突出、符合条件的，可择优选拔担任各级领导干部，或按程序纳入优秀年轻干部队伍进行重点培养；符合条件的选调生，可按规定享受所在区县同层次人才的引进优惠政策。

定向选调生根据考试成绩、单位需求、个人意愿、专业特长等进行分配，博士研究生可分配到市级机关或区县级机关工作，硕士研究生可分配到区县级机关工作，并按规定办理公务员录用手续；鼓励定向选调生自愿申请分配到乡镇（街道）工作；新录用人员试用期1年，试用期满且考核合格后，办理公务员任职定级手续；为加强定向选调生培养锻炼，按照中组部有关规定，在录用后或试用期满后，适时安排到乡镇（街道）、村进行锻炼；在基层锻炼期满后，可参加上级机关公务员公开遴选；对工作表现突出、符合条件的，可择优选拔担任各级领导干部，或按程序纳入优秀年轻干部队伍进行重点培养；符合条件的选调生，可按规定享受所在区县同层次人才的引进优惠政策。

（三）报名选拔

根据重庆市2024届集中选调生简章，具体报名条件如下：国内普通高校应届大学本科及以上学历毕业生；对党忠诚老实，有正确的政治立场和政治态度；拥护党的路线方针政策，甘于为国家和人民服务奉献，有志于从事党政工作；具备中国共产党（含中共预备党员）、优秀学生干部、获得过校级以上奖励、具有参军入伍经历等四项条件之一；年龄一般为18周岁以上，其中大学本科生不超过25周岁、硕士研究生不超过28周岁、博士研究生不超过32周岁，具有参军入伍经历的年龄可放宽2岁；具备选调职位要求的其他资格条件。

根据重庆市2025届定向选调生简章，具体报名条件如下：国内普通高校应届优秀博士毕业生；国内部分高校硕士及以上应届优秀高校毕业生；对党忠诚老实，有正确的政治立场和政治态度；拥护党的路线方针政策，甘于为国家和人民服务奉献，有志于从事党政工作；具备中国共产党（含中共预备党员）、优秀学生干部、获得过校级以上奖励、具有参军入伍经历等四项条件之一；年龄一般为 18 周岁以上，其中硕士研究生不超过 28 周岁、博士研究生不超过 32 周岁，具有参军入伍经历的年龄可放宽 2 岁；对所学专业有一定要求。

【拓展阅读 8-4】
"选调生"计划典型案例

重庆市选调生招聘简章由中共重庆市委组织部发布，毕业生可关注七一网。重庆市选调生招聘包括网上报名、笔试、面试、体检、考察和资格复审、公示、签订协议、调剂等流程。

五、大学生应征入伍

（一）项目介绍

大学生应征入伍指根据国家有关规定批准设立、实施高等学历教育的全日制公办普通高等学校、民办普通高等学校和独立学院，按照国家招生规定录取的全日制普通本科、专科（含高职）、研究生、第二学士学位的应（往）届毕业生、在校生和已被普通高校录取但未报到入学的学生。征集的大学生以男性为主，女性大学生征集根据军队需要确定。

（二）保障待遇

高校毕业生应征入伍服义务兵役，除享有优先报名应征、优先体检政审、优先审批定兵、优先安排使用"四个优先"政策，家庭按规定享受军属待遇外，还享受优先选拔使用、学费补偿和国家助学贷款代偿、退役后考学升学优惠、就业服务等政策。高等学校学生应征入伍服兵役国家资助，是指国家对应征入伍服兵役的高校学生，对其在校期间缴纳的学费实行一次性补偿或获得的国家助学贷款实行代偿；应征入伍服兵役前正在高等学校就读的学生，服役期间按国家有关规定保留学籍或入学资格、退役后自愿复学或入学的，国家实行学费减免。设立"退役大学生士兵"专项硕士研究生招生计划，每年安排一定数量专项计划，专门面向退役大学生士兵招生。在部队荣立二等功及以上的退役人员，符合研究生报名条件的可免试（指初试）攻读硕士研究生。在继续实行普通高校应届毕业生退役后按规定享受加分政策的基础上，允许普通高校在校生（含高校新生）应征入伍服义务兵役退役，在完成本科学业后 3 年内参加全国硕士研究生招生考试，初试总分加 10 分，同等条件下优先录取。退役大学生士兵专升本实行招生计划单列。放宽退役大学生士兵复学转专业限制。应征入伍的高校毕业生退役后报考政法干警招录培养体制改革试点招生时，教育考试笔试成绩总分加 10 分。

（三）报名选拔

(1) 网上报名预征。有应征意向的高校毕业生可在征兵开始之前登录"全国征兵网"（网址为 https://www.gfbzb.gov.cn)进行报名，填写、打印《应届毕业生预征对象登记表》和《高校毕业生应征入伍学费补偿国家助学贷款代偿申请表》（以下分别简称为《登记表》和《申请表》），交所在高校征兵工作管理部门。

(2) 初审、初检。毕业生离校前，在高校参加身体初检、政治初审，符合条件者确定为预征对象，高校协助兵役机关将《登记表》和《申请表》审核盖章发给毕业生本人，并完成网上信息确认。初审、初检工作最晚在 7 月 15 日前完成。

(3) 实地应征。高校应届毕业生可在学校所在地应征入伍，也可在入学前户籍所在地应征入伍。

(4) 组织高校应届毕业生在学校所在地征集的，结合初审、初检工作同步进行体格检查和政治审查，在毕业生离校前完成预定兵，9 月初学校所在地县（市、区）人民政府征兵办公室为其办理批准入伍手续。政治审查以本人现实表现为主，由其就读学校所在地的县（市、区）公安部门负责，学校分管部门具体承办，原则上不再对其入学前和就读返乡期间的现实表现情况进行调查。

(5) 在入学前户籍所在地应征入伍的，高校应届毕业生在 7 月 30 日前将户籍迁回入学前户籍地，持登记表和申请表到当地县级兵役机关参加实地应征，经体格检查、政治审查合格的，9 月初由当地县（市、区）人民政府征兵办公室办理批准入伍手续。

【拓展阅读 8-5】
"应征入伍"计划
典型案例

第二节　就业与创业帮扶

就业与创业帮扶是"保民生、稳就业"的底线工程，是"促创新、强经济"的动力源泉。它不仅关乎个人生存与发展，更关系到社会公平、经济转型和国家长治久安，是实现个人价值、社会进步与国家繁荣的重要纽带。

一、困难家庭高校毕业生就业帮扶

（一）困难帮扶政策

2020 年 7 月，人力资源社会保障部、教育部、国务院扶贫办印发《关于进一步加强贫困家庭高校毕业生就业帮扶工作的通知》，提出进一步加强对贫困家庭高校毕业生的就业帮扶工作，要求将贫困家庭高校毕业生及时纳入就业帮扶，坚持重点关注、重点推荐、重点服务，建立健全覆盖就业创业全过程的帮扶机制，统筹调动资源，突出精准施策，加强关爱指导，使建档立卡贫困家庭、零就业家庭毕业生全面就业到位，对有需求的其他贫困家庭毕业生全面帮扶到位，使有就业意愿的都能实现就业或组织到就业准备活动中。

2022 年 5 月，国务院办公厅印发《关于进一步做好高校毕业生等青年就业创业工作的通知》（国办发〔2022〕13 号），要求精准开展困难帮扶。要把有劳动能力和就业意愿的脱贫家庭、低保家庭、零就业家庭高校毕业生，以及残疾高校毕业生和长期失业高校毕业生作为就业援助的重点对象，提供"一人一档""一人一策"精准服务，为每人至少提供 3 至 5 个针对性岗位信息，优先组织参加职业培训和就业见习，及时兑现一次性求职创业补贴，千方百计促进其就业创业。对通过市场渠道确实难以就业的困难高校毕业生，可通过公益性岗位兜底安置。实施"中央专项彩票公益金宏志助航计划"，面向困难高校毕业生开展就业能力培训。实施共青团促进大学生就业行动，面向低收入家庭高校毕业生开展就业结对帮扶。及时将符合条件的高校毕业生纳入临时救助等社会救助范围。实施国家助学贷款延期还款、减免利息等支持举措，延期期间不计复利、不收罚息、不作为逾期记录报送。

2025年1月，教育部办公厅发布《关于开展2025届高校毕业生"寒假促就业暖心行动"的通知》（教就业厅函〔2025〕2号），提出精心开展就业困难帮扶。各地各高校要充分用好平台线上资源和各培训基地（高校），重点组织脱贫家庭、低保家庭、零就业家庭高校毕业生及残疾高校毕业生等就业困难群体积极参加线上线下就业培训，帮助学生切实提高就业能力。各地各高校要按照"一人一档""一人一策"要求，建立帮扶工作台账，通过家校联动、走访慰问、经济援助、岗位推荐等多种方式，用心用情做好"一对一"结对帮扶，帮助毕业生增强就业信心，获得便利支持，尽早实现就业。

（二）求职补贴

根据人力资源社会保障部、教育部、财政部《关于做好高校毕业生求职补贴发放工作的通知》（人社部发〔2013〕43号），从2013年起，对相关家庭困难高校毕业生给予一次性求职补贴，补贴标准由省级财政、人力资源社会保障部门会同有关部门根据当地实际制定。

例如，根据重庆市人力资源和社会保障局等六部门《关于落实在校求职创业补贴政策的通知》（渝人社发〔2020〕1号）和《关于调整优化在校求职创业补贴发放工作的通知》（渝人社〔2023〕14号）有关文件要求，重庆市各高校、中职学校（技工院校）在毕业学年内有就业创业意愿并积极求职创业的低保家庭、贫困残疾人家庭、脱贫人口（含防止返贫监测对象）家庭和特困人员中的毕业生，残疾毕业生，以及获得国家助学贷款的毕业生，可以申请在校求职创业补贴（标准为800元／人），每人只能享受1次，具有多重身份类别的不得重复享受。

二、离校未就业高校毕业生帮扶

（一）未就业高校毕业生就业促进计划

根据人力资源和社会保障部《关于实施离校未就业高校毕业生就业促进计划的通知》（人社部发〔2013〕41号），将有就业意愿的离校未就业高校毕业生全部纳入公共就业人才服务范围，力争使每一名有就业意愿的离校未就业高校毕业生在毕业半年内实现就业或参加到就业准备活动中。具体工作措施如下。

1. 开展实名登记

地方各级人力资源和社会保障部门所属公共就业人才服务机构和基层公共就业服务平

台要面向所有离校未就业高校毕业生（包括户籍不在本地的高校毕业生）开放，办理求职登记或失业登记手续，发放就业失业登记证，摸清就业服务需求。

2. 提供职业指导

对实名登记的所有离校未就业高校毕业生，各地要提供更具针对性的职业指导。通过向高校毕业生宣讲就业政策和就业形势，帮助高校毕业生了解当地人力资源市场供求情况，树立正确的求职就业观念；通过开展职业素质测评，帮助高校毕业生了解自身特点、职业能力，合理确定求职方向；通过组织团体指导、应聘模拟训练等活动，帮助高校毕业生提高求职应聘能力。根据高校毕业生的特点和需求，不断改进方式方法，提高职业指导效果。

3. 提供就业信息

对有就业意愿的离校未就业高校毕业生，各地要及时提供就业信息。广泛收集发布岗位信息，有针对性地开展分行业、分专业专场招聘活动和网络招聘活动。要以地级城市或省（区、市）为单位，建立招聘信息互联共享机制，实现辖区内招聘信息联网共享，使高校毕业生在各级公共就业人才服务机构和基层公共就业服务平台都能看到及时有效的招聘信息。

4. 提供创业服务

对有创业意愿的高校毕业生，各地要纳入当地创业服务体系，提供政策咨询、项目开发、创业培训、融资服务、跟踪扶持等"一条龙"创业服务。会同有关部门落实好小额担保贷款及贴息、税费减免、落户等各项创业扶持政策。对实名登记的非本地户籍的自主创业高校毕业生，各地要给予与本地户籍自主创业高校毕业生同等的政策扶持。积极推进大学生创业孵化园建设，大力支持离校未就业高校毕业生从事网络创业。

5. 开展重点就业帮扶

各地要将零就业家庭、经济困难家庭、残疾等就业困难的离校未就业高校毕业生列为重点工作对象，提供"一对一"个性化就业帮扶，确保实现就业。对残疾高校毕业生，要配合残联向用人单位重点推荐，落实企业按比例吸纳残疾人就业的政策。对接受各项就业创业服务后仍难以实现就业的，可开发临时性就业岗位，保障其基本生活有着落。按规定落实好城乡低保家庭毕业年度内高校毕业生求职补贴政策。

6. 组织就业见习

对有就业见习意愿的高校毕业生，各地要及时纳入就业见习工作对象范围，确保能够随时参加。结合当地产业发展和市场需求，以企业为主体建立并拓展一批见习基地，大力开发就业见习岗位。通过多种途径发布就业见习岗位信息，组织开展见习供需见面活动。规范见习管理，加强见习期间的跟踪指导、考核监督、安全管理，提高见习质量。落实见习期间基本生活费补助政策，积极协调财政部门根据实际情况适当提高补助标准。

7. 组织职业培训

对有培训意愿的离校未就业高校毕业生，各地要结合其专业特点，组织参加职业培训和技能鉴定，按规定落实相关补贴政策。结合当地产业发展和市场需求开发适合高校毕业生的培训项目，及时向社会发布本地区政府补贴培训职业（工种）目录。在全国范围内组织开展离校未就高校毕业生技能就业专项活动，动员 1000 所国家级重点以上技工院校和职业培训机构开展有针对性的技能培训。

8. 提供人事劳动保障代理服务

地方各级公共就业人才服务机构要为离校未就业高校毕业生免费提供档案托管、人事代理、社会保险办理和接续等一系列服务，简化服务流程，提高服务效率；有条件的地方可对到小微企业就业的离校未就业高校毕业生提供免费的人事劳动保障代理服务。

9. 加强劳动权益保护

各地要加大人力资源市场监管力度，严厉打击招聘过程中的欺诈行为，及时纠正性别歧视和其他各类就业歧视。加大劳动用工、缴纳社会保险费等方面的劳动保障监察力度，切实维护高校毕业生就业后的合法权益。

（二）实施就业困难青年专项帮扶行动

为落实党中央、国务院关于促进高校毕业生等青年就业决策部署，人力资源社会保障部、教育部、财政部联合印发《关于做好高校毕业生等青年就业创业工作的通知》（人社部发〔2024〕44 号），提出 11 条稳就业政策举措，全力促进高校毕业生等青年就业创业。文件明确要求：实施就业困难青年专项帮扶行动，强化未就业高校毕业生实名帮扶，建立实名台账，普遍提供至少 1 次政策宣介、1 次职业指导、3 次岗位推荐及 1 次培训或见习机会；合并实施一次性吸纳就业补贴和一次性扩岗补助政策，对企业招用符合条件的毕业年度高校毕业生、离校未就业高校毕业生及登记失业青年的，可发放一次性扩岗补助。

三、高校毕业生自主创业帮扶

2015 年 6 月，国务院印发《关于大力推进大众创业万众创新若干政策措施的意见》（国发〔2015〕32 号），明确提出支持大学生创业。文件要求：深入实施大学生创业引领计划，整合发展高校毕业生就业创业基金；引导和鼓励高校统筹资源，抓紧落实大学生创业指导服务机构、人员、场地、经费等；引导和鼓励成功创业者、知名企业家、天使和创业投资人、专家学者等担任兼职创业导师，提供包括创业方案、创业渠道等创业辅导；建立健全弹性学制管理办法，支持大学生保留学籍休学创业。

2022 年 5 月，国务院办公厅印发《关于进一步做好高校毕业生等青年就业创业工作的通知》（国办发〔2022〕13 号），明确提出支持自主创业和灵活就业。文件要求：落实大众创业、万众创新相关政策，深化高校创新创业教育改革，健全教育体系和培养机制，汇集优质创新创业培训资源，对高校毕业生开展针对性培训，按规定给予职业培训补贴；支持高校毕业生自主创业，按规定给予一次性创业补贴、创业担保贷款及贴息、税费减免等政策；政府投资开发的创业载体要安排 30% 左右的场地免费向高校毕业生创业者提供；支持高校毕业生发挥专业所长从事灵活就业，对毕业年度和离校 2 年内未就业高校毕业生实现灵活就业的，按规定给予社会保险补贴。

根据国务院相关文件要求，各省市结合实际情况，制定了各省市高校毕业生自主创业优惠政策，主要如下：

(1) 税收优惠。对高校毕业生在毕业年度内从事个体经营的，可以扣减其当年实际应缴纳的营业税、城市维护建设税、教育费附加和个人所得税。高校毕业生创办的小型微利企业，按国家规定享受相关税收支持政策。

(2) 小额担保贷款和贴息支持。符合条件的高校毕业生自主创业的，可在创业地按规定申请小额担保贷款；从事微利项目的，可享受贷款额度的财政贴息扶持。对合伙经营和组织起来就业的，可根据实际需要适当提高贷款额度。

(3) 免收有关行政事业性收费。对毕业 2 年以内的普通高校毕业生从事个体经营 (除国家限制的行业外) 的，自其在工商部门首次注册登记之日起 3 年内，免收管理类、登记类和证照类等有关行政事业性收费。

(4) 享受培训补贴。对高校毕业生在毕业年度内参加创业培训的，根据其获得创业培训合格证书或就业、创业情况，按规定给予培训补贴。

(5) 免费创业服务。有创业意愿的高校毕业生，可免费获得公共就业和人才服务机构提供的创业指导服务，包括政策咨询、信息服务、项目开发、风险评估、开业指导、融资服务、跟踪扶持等"一条龙"创业服务。各地在充分发挥各类创业孵化基地作用的基础上，因地制宜建设一批大学生创业孵化基地，并给予相关政策扶持。对基地内大学生创业企业要提供培训和指导服务，落实扶持政策，努力提高创业成功率，延长企业存活期。

【拓展阅读 8–6】2024 年重庆市高校毕业生等青年就业创业政策

(6) 各城市应允许高校毕业生在创业地办理落户手续 (直辖市按有关规定执行)。

第三节 就业手续办理

办理就业手续，可以规范劳动关系、保障劳动者合法权益、明确权利义务及促进社会就业管理，为个人职业发展奠基并维护劳动力市场秩序。

一、毕业生去向信息登记

以重庆市高校毕业生去向信息登记为例，根据教育部和重庆市有关毕业生去向信息登记有关规定，重庆市内高校毕业生可登录"重庆 24365 大学生就业服务平台"(http：//

www.cqbys.com，亦可关注微信公众号"重庆市高校毕业生就业创业"）自主进行去向信息登记。去向信息登记流程可能随政策调整发生变化，具体以 24365 大学生就业服务平台实际情况为准。

（一）系统账号激活及就业推荐表

打开重庆 24365 大学生就业服务平台，点击"学生登录"，使用学号和密码登录系统。特别提醒：首次登录需要点击"学生激活"激活账号并设置登录密码。登录完成后，进入"推荐表注册"菜单，在"推荐表注册"菜单中认真填写相关信息后提交学院审核，待学院审核通过后，可自行下载打印就业推荐表，再依次到所在学院、学校盖章。如果推荐表中基础信息有误，可在"生源信息核对"里直接修改或者提交"信息纠错"申请，学校会定时处理修改申请。

（二）毕业生就业协议签约流程

已和用人单位达成签约意向的学生，打开重庆 24365 大学生就业服务平台，密码登录进入系统，在系统"签约中心"完成签约或去向登记手续，模式分成"线上签约""线下签约"和"其他去向登记"三种（三选一），按照系统引导，填报相关信息。每位毕业生只能与一家用人单位签约，一旦生成就业协议书后，签约流程不可单方面终止，如需改签单位，须办理解约手续。在没有完成解约手续前，将无法与其他用人单位签约，请各位毕业生谨慎应约或录入协议书。

（三）解约流程

学生签约完成后，如果因各种原因需要解约，打开重庆 24365 大学生就业服务平台，使用学号和密码登录进入系统，提交解约申请，按系统提示，录入解约相关数据，提交学院、学校审核；解约成功后，协议书作废，同时恢复学生签约资格。

【拓展阅读8-7】
重庆高校毕业生就业系统（学生使用手册）

二、毕业生档案、党组织关系转递

（一）毕业生档案转递

学生档案不能由高校毕业生个人自带和保管，要由高校按规定有序转递。到机关、国有企事业单位就业或定向招生就业的，转递至就业单位或定向单位；到非公单位就业、灵活就业及自主创业的，转递至就业创业地或户籍地公共就业人才服务机构；暂未就业的，可根据毕业生本人意愿转递至户籍地公共就业人才服务机构，或按规定在高校保留两年。档案转递的相关政策应以毕业当年的主管部门规定为准，可能会有调整和变化。

（二）党组织关系转递

已落实单位的可将组织关系转移到单位党组织；未落实工作单位或工作单位尚未建立

党组织的，组织关系转移到单位所在地或本人户籍所在地的街道、乡镇党组织。

三、毕业生学历、学位查询

凭本人学信账号登录"中国高等教育学生信息网"（简称"学信网"，https：//www.chsi.com.cn)，点击"学信档案"，即可查询本人学历、学位信息；《教育部学籍在线验证报告》《教育部学历证书电子注册备案表》《中国高等教育学位在线验证报告》中文版 / 翻译件 (英文) 申请：登录学信网后，点击顶部菜单中的"在线验证报告"栏目，即可申请《教育部学籍在线验证报告》《教育部学历证书电子注册备案表》《中国高等教育学位在线验证报告》中文版；点击顶部菜单中的"出国报告发送"栏目，可申请《教育部学籍在线验证报告》《教育部学历证书电子注册备案表》《中国高等教育学位在线验证报告》翻译件 (英文)。

第四节　毕业生就业常见问题

大学生掌握毕业生就业常见问题，能有效规避求职风险、保障合法权益、提升就业效率，为顺利融入职场及长远职业发展奠定基础。

一、就业报到证及改派

2022 年 5 月 13 日，国务院办公厅印发《国务院办公厅关于进一步做好高校毕业生等青年就业创业工作的通知》(国办发〔2022〕13 号)(简称《通知》)。根据《通知》要求，"从 2023 年起，不再发放《全国普通高等学校本专科毕业生就业报到证》和《全国毕业研究生就业报到证》(以下统称就业报到证)，取消就业报到证补办、改派手续，不再将就业报到证作为办理高校毕业生招聘录用、落户、档案接收转递等手续的必需材料"。

从 2023 年起，重庆市将按照全国统一要求不再发放普通高校本专科毕业生和毕业研究生就业报到证，取消就业报到证补办、改派手续，不再将就业报到证作为办理高校毕业生招聘录用、落户、档案接收转递等手续的必需材料；全市将建立高校毕业生毕业去向登记制度，作为高校为毕业生办理离校手续的必要环节。

二、就业类型划分

很多毕业生在就业过程中，认为只有签订就业协议书才能被认定为就业，这是对就业类型的认识存在误区。根据《教育部办公厅关于进一步做好普通高等学校毕业生就业监测工作的通知》(教就业厅函〔2024〕11 号) 文件关于普通高校毕业生毕业去向统计分类的要求，就业包含单位就业、自主创业、自由职业三种形式，其中单位就业又包括了签就业协议形式就业、签劳动合同形式就业、其他录用形式就业、科研助理/管理助理、应征义务兵、国家基层项目、地方基层项目等七种就业类型。

三、实习协议与就业协议的区别

大学生毕业前后往往要签署实习协议或者就业协议，但部分毕业生不能区分这两种协议的特点。实习协议是指在校生通过参加实习单位的实际工作进行实践学习，明确双方权利义务的协议，并不代表未来会建立劳动关系。就业协议是指在校学生毕业前与学校、用人单位三方签订的协议，目的在于约束学生和用人单位在毕业后建立劳动关系。实习的主要目的是实践学习，提供双方加深了解的机会，进而推动建立劳动关系。同时，根据《教育部办公厅关于进一步做好普通高等学校毕业生就业监测工作的通知》(教就业厅函〔2024〕11号)文件：不准将毕业生顶岗实习、见习证明材料作为就业证明材料，这充分说明了实习协议与就业协议的区别。

四、就业协议中的补充条款

就业协议中大部分内容都是固定条款，主要包括了用人单位基本信息、毕业生基本信息、档案转递信息、相关部门审核意见与鉴章等，并规定了未尽事宜应按照有关法律、法规和政策规定，协商解决，另行规定。因此在实际签订协议过程中，用人单位和毕业生还可以就其他内容进行约定。常见约定内容包括：毕业后的入职要求，如要求取得毕业证与学位证；与劳动合同衔接的内容，如注明具体的工作岗位、工作年限、试用期、工资及相关福利待遇等；约定违约责任，如违约金金额；上述约定内容也视为就业协议的一部分，纳入补充条款内容。

五、就业相关法律法规

大学生就业相关法律法规主要包括《中华人民共和国劳动法》《中华人民共和国劳动合同法》《中华人民共和国就业促进法》《中华人民共和国社会保险法》《中华人民共和国劳动争议调解仲裁法》《人力资源市场暂行条例》《普通高等学校毕业生就业工作暂行规定》等。

【拓展阅读8-7】
中华人民共和国
人力资源和社会
保障部就业相关
法律法规

大学生了解这些法律法规，能够保护合法权益、促进公平就业、明确社会保障、提供维权依据、规范就业市场秩序、提升法律意识。

模拟实训

1. 登录全国征兵网，熟悉大学生应征入伍政策。

2. 登录重庆 24365 大学生就业服务平台，熟悉就业手续办理流程，关注该平台浏览公众号，浏览公众号发布的各类招聘信息。

•••• 本章小结 ••••

本章帮助毕业生全面了解国家出台的一系列高校毕业生就业基层项目，帮助毕业生梳理各项目的特点及流程，利用丰富的案例，引导毕业生选择基层项目；为毕业生介绍就业与创业帮扶政策及相关渠道；详细讲解毕业生就业手续办理及就业等常见问题的处理方式。

•••• 课后练习 ••••

1. 主要的基层就业项目有哪些？至少列举 4 种。
2. 自己可以选择哪些基层项目？
3. 确认自己心仪的基层项目后，为实现自己的目标应做好哪些准备？

参考文献

REFERENCES

［1］乔志宏，党亚莲，杨云．大学生职业发展与就业指导［M］．成都：电子科技大学出版社，2015.

［2］娄晓宇．高效求职：简历、笔试、面试一本通［M］．北京：化学工业出版社，2022.

［3］武承泽．简历写作与求职通关一册通：技巧＋模板＋范例［M］．北京：人民邮电出版社，2020.

［4］鲍利斯．你的降落伞是什么颜色？［M］．李春雨，王鹏程，陈雁，译．北京：中国友谊出版公司，2018.

［5］麦可思研究院．就业蓝皮书：2024年中国本科生就业报告［M］．北京：社会科学文献出版社，2024.

［6］沈雁华．大学生就业指导［M］．上海：华东师范大学出版社，2016.

［7］谭华玉，马利军．大学生心理健康教育：基于积极心理学角度［M］．北京：人民邮电出版社，2016.

［8］徐世勇，李英武．人员素质测评［M］．北京：中国人民大学出版社，2019.

［9］萧鸣政．人员测评与选拔［M］．上海：复旦大学出版社，2005.

［10］郑日昌．心理测量与测验［M］．北京：中国人民大学出版社，2008.

［11］胡平．职业心理学［M］．北京：中国人民大学出版社，2015.

［12］张厚粲，王晓平．瑞文标准推理测验在我国的修订［J］．心理学报，1989(2)：113-121.

［13］张德．人力资源开发与管理［M］．5版．北京：清华大学出版社，2016.

［14］刘海峰．第一次笔试在何时［N］．中国教育报，2001-09-12(7).

［15］高修军．浅谈试讲和说课的特点及比较［J］．辽宁教育，2020(4)：36-38.

［16］周仲武．说课及其要领［J］．教育理论与实践，2008，28(9)：8.

［17］商晶．"引、疏、放"式师范生口语交际试讲模式探究［J］．教育与职业，2013(27)：149-151.